Hillard & KEY Botting's
ELEMENTARY
LATIN EXERCISES

KEY *to*
Hillard & Botting's
ELEMENTARY
LATIN EXERCISES

BY

THE REV. ALBERT ERNEST HILLARD, D.D.
(1865-1935)
LATE HIGH MASTER OF ST PAUL'S SCHOOL, LONDON

AND

CECIL GEORGE BOTTING, M.A.
(1870-1929)
LATE ASSISTANT MASTER AT ST PAUL'S SCHOOL, LONDON

REVISED BY
NIGEL WETTERS GOURLAY

Key to Hillard & Botting's Elementary Latin Exercises

Printing History

October 2017   First Edition, ISBN 978-1-9998557-1-0

KEY TO
ELEMENTARY LATIN EXERCISES

Answer 1.

1. labōrō.
2. amāmus.
3. mātūrat.
4. mātūrāmus.
5. labōrās *or* labōrātis.
6. amant.
7. mātūrō.
8. labōrat.
9. labōrāmus.
10. mātūrās *or* mātūrātis.

Answer 2.

1. mātūrābimus.
2. labōrābō.
3. amābit.
4. labōrābis *or* labōrābitis.
5. mātūrābunt.
6. amābō.
7. labōrābimus.
8. pugnant.
9. mātūrābit.
10. labōrābunt.

Answer 3.

1. pugnābit.
2. mātūrant.
3. pugnābō.
4. labōrat.
5. mātūrāmus.
6. pugnābis *or* pugnābitis.
7. mātūrābō.
8. pugnāmus.
9. mātūrat.
10. labōrābit.

Answer 4.

1. pugnāvit.
2. mātūrāvistī *or* mātūrāvistis.
3. errat.
4. labōrant.
5. pugnāvī.
6. pugnās *or* pugnātis.
7. errābimus.
8. labōrāvimus.
9. mātūrābit.
10. pugnat.

Answer 5.

1. mātūrāvit.
2. pugnābit.
3. pugnāvistī *or* pugnāvistis.
4. mātūrāvimus.
5. labōrāvistī *or* labōrāvistis.
6. pugnat.
7. errābō.
8. pugnāvērunt.
9. pugnābimus.
10. labōrāvī.

Answer 6.

1. mātūrāvī.
2. pugnāvimus.
3. pugnābit.
4. mātūrāvērunt.
5. labōrāvit.
6. mātūrābis *or* mātūrābitis.
7. amat.
8. pugnābunt.
9. labōrāvērunt.
10. amābunt.

Answer 7.

1. labōrābat.
2. errat.
3. pugnābāmus.
4. labōrāvit.
5. mātūrābant.
6. errat.
7. pugnābam.
8. errās *or* errātis.
9. errāmus.
10. labōrābant.

Answer 8.

1. errant.
2. pugnāvit.
3. errābis *or* errābitis.
4. pugnō.
5. errābunt.
6. errat.
7. mātūrābat.
8. amāmus.
9. errābit.
10. mātūrābāmus.

Answer 9.

1. errābit.
2. amās *or* amātis.
3. mātūrābam.
4. amābit.
5. mātūrāvit.
6. errābimus.
7. mātūrābās *or* mātūrābātis.
8. errābis *or* errābitis.
9. pugnābās *or* pugnābātis.
10. pugnābant.

Answer 10.

1. labōrāvī.
2. nāvigābis *or* nāvigābitis.
3. pugnāveram.
4. nāvigāvit.
5. mātūrāvimus.
6. nāvigat.
7. mātūrāverat.
8. nāvigāvērunt.
9. mātūrāvit.
10. labōrāvistī *or* labōrāvistis.

Answer 11.

1. labōrāveram.
2. pugnāverās *or* pugnāverātis.
3. nāvigāvimus.
4. labōrāvit.
5. nāvigābat.
6. mātūrāvistī *or* mātūrāvistis.
7. pugnāverat.
8. nāvigābam.
9. mātūrāvērunt.
10. nāvigābant.

Answer 12.

1. nāvigābit.
2. nāvigābāmus.
3. labōrāvimus.
4. nāvigāvistī *or* nāvigāvistis.
5. mātūrāvī.
6. labōrāvistī *or* labōrāvistis.
7. nāvigābimus.
8. errāvistī *or* errāvistis.
9. pugnāverāmus.
10. nāvigant.

Answer 13.

1. labōrāverimus.
2. errāveram.
3. pugnāveris *or* pugnāveritis.
4. nāvigāverat.
5. labōrāverit.
6. errāverās *or* errāverātis.
7. pugnāverit.
8. errāvit.
9. errāverat.
10. mātūrāverint.

Answer 14.

1. nāvigāverāmus.
2. pugnāverimus.
3. labōrāveris *or* labōrāveritis.
4. errāverāmus.
5. nāvigāvit.
6. pugnāveris *or* pugnāveritis.
7. errāvī.
8. nāvigāverat.
9. labōrāverint.
10. nāvigāverant.

Answer 15.

1. errāvit.
2. pugnāverint.
3. errāvimus.
4. nāvigāvit.
5. mātūrāveris *or* mātūrāveritis.
6. nāvigāverās *or* nāvigāverātis.
7. errāvērunt.
8. mātūrāverit.
9. errāverant.
10. nāvigāveram.

Answer 16.

1. patriam amābunt.
2. Belgās oppugnābant.
3. Belgae victōriam nūntiant.
4. Cotta Belgās oppugnābit.
5. Belgae patriam amāverant.
6. Cottam oppugnābimus.
7. victōriam nūntiāverat.
8. Belgae pugnās amābant.
9. Cotta Belgās oppugnāvit.
10. cōpiās oppugnābit.

Answer 17.

1. victōriam nūntiāverant.
2. Cotta Belgās oppugnāverat.
3. Belgae patriam amant.
4. Belgās oppugnant.
5. Cotta pugnam nūntiābit.
6. Belgae Cottam oppugnāvērunt.
7. victoriam nūntiābis.
8. victōriam nūntiāverāmus.
9. Belgae cōpiās oppugnāvērunt.
10. Cotta victōriam nūntiāverit.

Answer 18.

1. victōriam nūntiāverimus.
2. Cottam oppugnābis.
3. Cotta cōpiās oppugnāverat.
4. victōriam nūntiābō.
5. Belgae Cottam oppugnāverint.
6. Cotta Belgās oppugnābat.
7. pugnam nūntiābis.
8. Cotta patriam amāvit.
9. Belgās oppugnāverat.
10. Cotta pugnam nūntiāverat.

Answer 19.

1. patriam amāmus.
2. Belgārum cōpiās oppugnant.
3. victōriam nūntiāvimus.
4. Cotta Belgās vulnerābit.
5. Belgae patriam amant.
6. Belgās sagittīs vulnerāvērunt.
7. Cottae victōriam nūntiāverāmus.
8. Cotta Belgārum cōpiās oppugnāvit.
9. Belgae victōriam nūntiāvērunt.
10. Belgae Cottae cōpiās oppugnāverant.

Answer 20.

1. Belgārum victōriam nūntiāvērunt.
2. Belgās sagittīs oppugnāvit.
3. Cotta patriam sapientiā servābit.
4. Belgās sagittīs vulnerābunt.
5. Cottae cōpiās oppugnāvērunt.
6. pugnam Belgīs nūntiābimus.
7. Belgārum cōpiās sagittīs oppugnāverant.
8. pugnam Belgīs nūntiāverat.
9. Belgārum cōpiās oppugnāvimus.
10. Cottae victōriās nūntiāvit.

Answer 21.

1. Belgīs victōriam nūntiāvimus.
2. Belgārum cōpiās sagittīs oppugnāvērunt.
3. victōriam Cottae nūntiābunt.
4. Belgārum victōriam nūntiābit.
5. Cotta patriam sapientiā servāvit.
6. Belgārum cōpiās oppugnābunt.
7. patriam sapientiā servābunt.
8. Belgīs victōriam nūntiābunt.
9. Belgae patriam sapientiā servāvērunt.
10. Belgārum cōpiās oppugnābāmus.

Answer 22.

1. barbarī patriam amāvērunt.
2. Rōmānōs superāvimus.
3. Rōmānī Belgās nōn amāvērunt.
4. Labiēnum sagittā vulnerāvērunt.
5. Rōmānōrum victōriam nūntiāvērunt.
6. barbarōrum equōs sagittīs vulnerāvērunt.
7. Rōmānī barbarōs superābunt.
8. Labiēnus barbarōs oppugnāvit.
9. Cotta victōriam Rōmānīs nūntiābit.
10. barbarī Labiēnum sagittā vulnerāvērunt.

Answer 23.

1. Rōmānī barbarōs superāverint.
2. nostrī Belgārum cōpiās oppugnāvērunt.
3. nostrī barbarōs superāvērunt.
4. Labiēnus patriam servāvit.
5. nostrī barbarōs sagittīs vulnerābant.
6. Rōmānī et Belgae pugnābunt.
7. Rōmānōs superābit.
8. Labiēne, patriam nōn amās.
9. patriam sapientiā servāverāmus.
10. Belgae Rōmānōs oppugnābunt.

Answer 24.

1. nostrī Belgās sagittīs vulnerāverant.
2. Labiēne, Belgās nōn superābis.
3. nostrī barbarōrum equōs vulnerant.
4. nostrī Belgās superābunt.
5. barbarī nostrōs sagittīs oppugnāvērunt.
6. nostrī barbarōrum cōpiās oppugnābunt.
7. Rōmānī Belgās sagittīs oppugnāverant.
8. nostrōrum victōriam nūntiāverās.
9. barbarōrum cōpiās oppugnāvimus.
10. barbarī Belgārum cōpiās oppugnāvērunt.

Answer 25.

1. barbarī bellum parābant.
2. nostrī barbarōs superāvērunt.
3. barbarōrum cōpiās tēlīs oppugnāvērunt.
4. oppidum cōnsiliō servāvērunt.
5. tēla Rōmānōrum equōs vulnerābant.
6. Rōmānōrum cōnsilium oppida servāvit.
7. Labiēne, bellī perīcula vītāvistī.
8. barbarī oppida oppugnāvērunt.
9. Cotta oppida cōnsiliō servāvit.
10. Labiēne, perīculum nōn vītābis.

Answer 26.

1. Belgae Cottae castra oppugnāvērunt.
2. nostrōrum tēla Belgārum equōs vulnerant.
3. Rōmānī Belgās superābunt.
4. barbarī nostrōs cōnsiliō superāvērunt.
5. nostrī barbarōrum castra oppugnant.
6. Rōmānōrum cōpiae oppidum servābunt.
7. Belgās nōn superābis.
8. nostrī Belgās tēlīs oppugnāvērunt.
9. Rōmānōs cōnsiliō nōn superābimus.
10. Rōmānī bella et pugnās amābant.

Answer 27.

1. nostrī barbarōrum oppida oppugnāverant.
2. nostrī Belgārum castra oppugnābunt.
3. Rōmānōrum castra oppugnābimus.
4. Labiēnus bellī perīcula vītāverat.
5. Belgae castra sagittīs oppugnant.
6. barbarī Rōmānōrum oppida oppugnāvērunt.
7. barbarōrum victōriās Rōmānīs nūntiāvimus.
8. nostrōrum victōria castra servāvit.
9. Rōmānī, bellum parābitis.
10. bellī perīcula sapientiā vītāvistī.

Answer 28.

1. puerī bella et pugnās amābant.
2. barbarōrum agrōs vastāvimus.
3. nostrī Belgārum agrōs vastābunt.
4. puerī equōs amant.
5. barbarī oppida aedificāvērunt.
6. puerī oppidum cōnsiliō rvāvērunt.
7. puerī equum sagittā vulnerāvērunt.
8. puerī mātūrābant.
9. puerum sagittā vulnerāvit.
10. barbarōrum castra oppugnābō.

Answer 29.

1. puerī Belgārum victōriam nūntiāvērunt.
2. Belgārum agrum vastābimus.
3. puerī sapientiam nōn amant.
4. Gallōrum agrōs nōn vastāvistī.
5. puerī bellī perīcula vītāvērunt.
6. bellum parāmus, Rōmānī.
7. Gallī puerī equum tēlō vulnerāvērunt.
8. puerī oppidum cōnsiliō servābunt.
9. Gallōrum tēla puerōs vulnerābant.
10. agrōs Rōmānōrum vastāvistis.

Answer 30.

1. Gallōrum agrōs vastāverat.
2. puerī perīculum vītābunt.
3. puerōrum sapientia oppidum servāvit.
4. Gallōrum castra oppugnāvimus
5. Gallī castra cōnsiliō servāvērunt.
6. nostrī barbarōrum agrōs vastābunt.
7. Rōmānī Gallōs cōnsiliō superāvērunt.
8. Gallōs tēlīs oppugnāvimus.
9. Gallī oppida aedificāverant.
10. puerī perīculum amant.

Answer 31.

1. nostrī magnās Gallōrum cōpiās timuērunt.
2. Rōmānī parva tēla habuērunt.
3. Gallī parva oppida aedificāvērunt.
4. magnās barbarōrum cōpiās superāvimus
5. Gallī bonōs equōs habēbant.
6. bellī perīcula magnā sapientiā vītāvērunt.
7. sagittae parvōs puerōs terruērunt.
8. magnās Belgārum cōpiās oppugnābāmus.
9. magnam victōriam nūntiāvērunt.
10. barbarī nostrōs nōn timēbunt.

Answer 32.

1. magnās cōpiās nōn habēbimus.
2. parvās barbarōrum cōpiās timuistī.
3. bonī perīculum nōn timent.
4. Belgae parvās sagittās habēbant.
5. barbarī parvās Rōmānōrum cōpiās timuērunt.
6. parva perīcula Gallōs nōn terrēbunt.
7. magnam sapientiam habēs.
8. magna bellī perīcula timet.
9. Belgae bonōs equōs habuērunt.
10. parvae Rōmānōrum cōpiae Gallōrum castra oppugnāvērunt.

Answer 33.

1. magna nostrōrum victōria oppidum servāvit.
2. Cotta magnās Belgārum cōpiās timet.
3. barbarī bonōs agrōs habēbant.
4. parvum puerum magnā sagittā vulnerāvit.
5. magna perīcula bonōs nōn terrent.
6. magnās Gallōrum cōpiās nōn timēbis.
7. barbarī parvōs equōs habent.
8. nostrī Gallōs magnīs tēlīs terrēbant.
9. nostrōs parvīs sagittīs vulnerābant.
10. magnās barbarōrum cōpiās oppugnābimus.

Answer 34.

1. miserī puerī labōrābant.
2. Gallī pulchra oppida habent.
3. barbarōs iaculīs terruerāmus.
4. barbarī bellī perīcula timuerant.
5. Belgae parva scūta habuērunt.
6. miserōs captīvōs terruistī.
7. miserōs barbarōs terruerat.
8. miserī bellī perīcula nōn timent.
9. nostrōs nōn terruistī.
10. magnās Gallōrum cōpiās nōn timuerimus.

Answer 35.

1. Gallī miserōs captīvōs terruerant.
2. nostrī pulchra Belgārum oppida vastāvērunt.
3. miserōs captīvōs cōnsiliō servāvit.
4. parvōs puerōs terrēbis.
5. Gallōrum tēla miserōs captīvōs vulnerābant.
6. barbarī magna scūta habent.
7. bella et perīcula bonōs nōn terrent.
8. magnās Gallōrum cōpiās terruerāmus.
9. miserī barbarōrum sagittās nōn vītāvērunt.
10. nostrōs cōnsiliō servābis.

Answer 36.

1. miserī captīvī tēla nōn habuērunt.
2. Gallōrum sagittae nostrōs nōn terruerint.
3. magnum perīculum magnā sapientiā superābit.
4. Gallī bonōs agrōs et pulchra oppida habēbant.
5. miserī captīvī scūta nōn habent.
6. miserum captīvum terruerat.
7. Rōmānōrum victōriam miserō nūntiāvit.
8. miser captīvus equum nōn habuit.
9. magna Gallōrum victōria nostrōs terruerat.
10. pulchra Gallōrum oppida vastābimus.

Answer 37.

1. magnās Rōmānōrum cōpiās contrā barbarōs dūcēmus.
2. bonum Cottae cōnsilium neglēxit.
3. barbarī multās sagittās nōn habuērunt.
4. Cotta magnās Rōmānōrum cōpiās contrā Belgās dūxit.
5. barbarōrum terram regimus.
6. patriam regēs.
7. multōs Belgās sagittīs vulnerāvērunt.
8. bonum cōnsilium nōn neglegēs.
9. barbarōrum arma nōn timēbimus.
10. cōpiās Rōmānās in castra dūcēmus.

Answer 38.

1. Belgae cōpiās in oppidum dūcent.
2. Cotta cōpiās in castra dūxit.
3. multī perīculum nōn timent.
4. captīvōs in oppidum dūximus.
5. cōpiās contrā barbarōs dūcet.
6. patriam magnā sapientiā regit.
7. cōpiās Rōmānās contrā Belgās dūxistī.
8. barbarī cōpiās in castra dūcunt.
9. multa bellī perīcula sapientiā vītāvit.
10. puerī equōs in agrum dūxērunt.

Answer 39.

1. captīvōs Rōmānōs in barbarōrum castra dūxērunt.
2. patriam multīs victōriīs servāvit.
3. multās terrās armīs regimus.
4. barbarōrum arma puerōs terruērunt.
5. nostrōs in agrōs dūcit.
6. captīvōs Rōmānōs in castra dūcent.
7. Romanōrum cōnsilium nōn neglēxit.
8. Belgārum cōnsilia nōn timēmus.
9. Gallī multa oppida aedificāvērunt.
10. miserōs barbarōs regēmus.

Answer 40.

1. imperātor cōpiās in oppidum dūxit.
2. mīlitēs victōriam imperātōrī nūntiant.
3. miserōs captīvōs in castra dūxerat.
4. multa oppida rēxeris, patriam servāveris.
5. Gallī cōpiās in castra dūxerant.
6. mīlitēs Rōmānī Gallōs iaculīs vulnerābant.
7. ducis cōnsilium neglēxerat.
8. mīlitēs Rōmānī bonōs ducēs nōn habuērunt.
9. equitēs castra iaculīs et sagittīs oppugnāvērunt.
10. equitum victōriam imperātōrī nūntiāverant.

Answer 41.

1. mīlitēs in magnum perīculum dūxeris.
2. mīlitum victōriam imperātōrī nūntiāvērunt.
3. imperātōris cōnsilium nōn neglēximus.
4. equitēs Rōmānōs contrā barbarōs dūcent.
5. cōpiās in castra Rōmāna dūxeram.
6. mīlitis cōnsilium oppidum servāvit.
7. equitum Rōmānōrum victōria Belgās terruit.
8. barbarī bonōs ducēs nōn habuērunt.
9. mīlitēs bonī bonum imperātōrem amant.
10. equitēs contrā Belgās dūxerat.

Answer 42.

1. parvī puerī mīlitum equōs terruērunt.
2. nostrī victōriam ducibus nūntiāvērunt.
3. Belgārum tēla mīlitēs Rōmānōs vulnerābant.
4. nostrōs in agrōs dūxerāmus.
5. imperātōris cōnsilium Belgīs nūntiāvit.
6. imperātōris cōnsilium nōn neglēxeris.
7. victōriam imperātōrī Rōmānō nūntiāvērunt.
8. equitēs Rōmānī magnōs equōs habēbant.
9. mīlitēs in barbarōrum agrōs dūxerās.
10. Cotta equitēs Rōmānōs in oppidum dūcet.

Answer 43.

1. mīlitēs imperātōris clāmōrem audiunt.
2. Belgae oppida aggeribus mūnīvērunt.
3. mīlitum clāmōrēs audiēmus.
4. hostium castra oppugnābimus.
5. magnās equitum cōpiās contrā hostēs dūxērunt.
6. imperātor magnōs hostium clāmōrēs audīvit.
7. Labiēnus castra magnō aggere mūnīvit.
8. Belgae oppida mūniunt.
9. Cotta magnās hostium cōpiās oppugnāverat.
10. equitum clāmōrēs Belgās terruērunt.

Answer 44.

1. hostium ducēs cōpiās in castra dūxērunt.
2. castra magnō aggere mūniēmus.
3. equitēs magnōs barbarōrum clāmōrēs audiunt.
4. Cotta cōpiās contrā hostēs dūxerat.
5. miserī mīlitēs hostium clāmōrēs audīvērunt.
6. cīvium Rōmānōrum clāmōrēs audiēs.
7. imperātōris Rōmānī victōriam Belgīs nūntiāvērunt.
8. parvās hostium cōpiās nōn timēbimus.
9. hostēs magnās equitum cōpiās habuērunt.
10. mīlitēs Rōmānī oppidum aggeribus mūnient.

Answer 45.

1. hostium tēla nostrōs vulnerābant.
2. magnās hostium cōpiās contrā oppidum dūcent.
3. miserōrum captīvōrum clāmōrēs audiēmus.
4. equitum ducēs perīculum vītāverant.
5. oppidum magnō aggere mūnīmus.
6. Cotta magnās equitum cōpiās contrā hostēs dūxit.
7. Belgae castra et oppida mūniēbant.
8. Labiēnus magnōs Gallōrum clāmōrēs audīvit.
9. hostium arma nōn timēbimus.
10. barbarī oppida aggeribus mūniunt.

Answer 46.

1. Gallī castra ingentī aggere mūnīverant.
2. omnia bellī perīcula vītāvit.
3. miserōrum cīvium clāmōrēs audīverāmus.
4. equitēs omnēs Gallōrum agrōs vastāvērunt.
5. barbarī ingentia scūta habuērunt.
6. omnia Belgārum oppida aggerēs habēbant.
7. Cotta castra parvō aggere mūnīverat.
8. ingentēs hostium cōpiae nostrōs oppugnāvērunt.
9. omnēs hostium sagittās vītāvit.
10. barbarī omnia oppida mūnīvērunt.

Answer 47.

1. Labiēnus omnēs equitēs in castra dūxit.
2. urbem ingentī aggere mūnīvimus.
3. imperātōrī omnia hostium cōnsilia nūntiāvit.
4. nostrī ingentēs equitum cōpiās oppugnābunt.
5. omnēs barbarī bellum parābant.
6. Rōmānī magnās urbēs, Gallī parva oppida habēbant.
7. omnēs urbēs aggeribus mūnīverant.
8. omnia bellī perīcula sapientiā vītāverās.
9. Labiēnus magnōs hostium clāmōrēs audīverit.
10. equitēs imperātōris cōnsilium neglēxērunt.

Answer 48.

1. Belgae parvam urbem magnō aggere mūnīverant.
2. omnēs mīlitum clāmōrēs audīvērunt.
3. ingentia tēla cōpiās Rōmānās nōn terrēbunt.
4. puerī urbem clāmōribus servāvērunt.
5. ingentēs Belgārum cōpiae castra Rōmāna oppugnant.
6. omnēs barbarī ducum cōnsilium neglēxērunt.
7. omnēs hostium cōpiās superāvimus.
8. Rōmānī pulchrās urbēs habēbant.
9. Labiēnus castra parvō aggere mūniet.
10. miserōrum cīvium clāmōrēs audīvistī.

Answer 49.

1. Gallī nostrōrum iaculīs vulnerātī sunt.
2. barbarī ā nostrīs superātī sunt.
3. multa Gallōrum oppida vastāta sunt.
4. mīlitēs Rōmānī barbarōrum sagittīs vulnerābantur.
5. equī iaculīs vulnerābuntur.
6. multa onera ā captīvīs portābantur.
7. urbēs imperātōris cōnsiliō servābuntur.
8. equitēs ā barbarīs oppugnātī sunt.
9. ā Labiēnō superāberis.
10. victōria Rōmānō imperātōrī nūntiātur.

Answer 50.

1. Gallōrum agrī ā nostrīs nōn vastābuntur.
2. paucī barbarī sagittīs vulnerātī sunt.
3. Belgae omnia oppida aggeribus mūnīverant.
4. ingentia onera ā nostrīs portābantur.
5. omnēs Gallōrum agrī vastantur.
6. paucī magnōs barbarōrum clāmōrēs audīvērunt.
7. hostium castra ā nostrīs oppugnāta sunt.
8. omnia bellī perīcula ā duce vītāta sunt.
9. ingentēs equitum cōpiae ab hostibus oppugnātae sunt.
10. omnēs hostium equitēs timēmus.

Answer 51.

1. bellum ab urbis hostibus parātur.
2. omnēs barbarōrum cōpiae oppugnābuntur.
3. miserī cīvēs paucōs ducēs habuērunt.
4. multa oppida ā barbarīs aedificantur.
5. paucī cīvēs hostium clāmōrēs audīvērunt.
6. ingentia onera ā captīvīs portābuntur.
7. ā parvīs Belgārum cōpiīs superāmur.
8. omnēs mīlitēs hostium iacula vītāvērunt.
9. ab omnibus cīvibus amātur.
10. ā Gallōrum equitibus superābimur.

Answer 52.

1. urbs ā cīvibus servāta erit.
2. omnēs Gallōrum agrī vastātī erant.
3. victōria ā puerō nūntiāta erat.
4. pauca oppida ā mīlitibus vastābuntur.
5. hostium ducēs peditum clāmōrēs audīvērunt.
6. equī sagittīs vulnerātī erant.
7. peditēs omnia perīcula vītant.
8. castra ā Belgīs oppugnantur.
9. paucae victōriae Rōmānīs nūntiātae sunt.
10. bellī perīcula ā nostrīs vītābuntur.

Answer 53.

1. imperātor hostium iaculīs vulnerātus erat.
2. equitēs Rōmānī omnēs agrōs vastāvērunt.
3. oppidum ā Gallīs aedificātum erat.
4. peditēs Rōmānī ā Belgīs superātī sunt.
5. barbarī cīvēs clāmōribus terrent.
6. paucās urbēs aggeribus mūnīverat.
7. sagittā vulnerātus es.
8. ingentia onera ā captīvīs portāta erant.
9. Cotta peditēs contrā barbarōs dūxit.
10. hostium equitēs superātī erunt.

Answer 54.

1. castra ā magnīs equitum cōpiīs oppugnāta sunt.
2. peditēs Labiēnī cōnsilium neglēxērunt.
3. nostrī ā barbarīs superātī erunt.
4. oppidum ā Belgīs vastātur.
5. Cotta castra ingentī aggere mūnit.
6. omnia onera ā mīlitibus portāta sunt.
7. urbs ā peditibus servāta est.
8. omnēs magnōs barbarōrum clāmōrēs audīvērunt.
9. victōriam copiārum Rōmānārum ducī nūntiāvit.
10. paucī cīvēs iaculīs vulnerātī sunt.

Answer 55.

1. Rōmānī hostium clāmōribus nōn terrentur.
2. bonus imperātor ā mīlitibus nōn timētur.
3. equitēs barbarōrum clāmōribus nōn territī sunt.
4. parva perīcula ā nostrīs nōn timentur.
5. hostium iaculīs nōn territī sumus.
6. ab omnibus barbarīs timēmur.
7. hostium dux ā nostrīs timēbātur.
8. oppidum ā Gallīs aedificātum est.
9. ā parvīs hostium cōpiīs nōn terrēberis.
10. urbs ā Cottā tenētur.

Answer 56.

1. populus Rōmānus ā Gallīs timēbātur.
2. pars equitum hostium castra oppugnābat.
3. omnēs urbēs ā barbarīs tenentur.
4. omnēs Belgae populum Rōmānum timēbant.
5. partem peditum superāvimus.
6. ingentēs cōpiae hostium urbem occupāverant.
7. partem cōpiārum Rōmānārum iam superāvimus.
8. omnēs urbēs Rōmānōs timent.
9. victōria populō Rōmānō nūntiāta est.
10. Belgae magnam partem nostrōrum superāvērunt.

Answer 57.

1. Labiēnī cōpiae magnam urbem occupāvērunt.
2. equitēs Gallōrum clāmōribus nōn terrēbuntur.
3. bellī perīcula ā populō Rōmānō nōn timentur.
4. mīlitēs Rōmānī ā barbarīs nōn terrentur.
5. urbēs ab hostibus nōn tenentur.
6. populus Rōmānus Gallōs rēxit.
7. Gallī oppidum aggere iam mūnīverant.
8. imperātor magnam partem cōpiārum in castra iam dūxerat.
9. magna pars terrae ab hostibus occupāta erat.
10. omnēs mīlitum clāmōrēs audiētis.

Answer 58.

1. ab imperātōre iam monitus erās.
2. ā populō Rōmānō territī erant.
3. ā ducibus monitī erāmus.
4. hostium dux iam monitus erit.
5. ab omnibus barbarīs timēberis.
6. hostium clāmōribus territī erunt.
7. Gallī ab imperātōre iam monitī sunt.
8. miserī cīvēs hostium clāmōribus territī erant.
9. puer ā patre monitus erat.
10. bonī imperātōris cōnsilium nōn neglegēmus.

Answer 59.

1. ā patre nōn monitus es.
2. urbs ā dīs servāta est.
3. pater filiōs in urbem dūxit.
4. barbarī bellum terrā marīque parābant.
5. filiī patrum cōnsilium audīverant.
6. deī terram marī mūnīvērunt.
7. miserī cīvēs ab imperātōre monitī sunt.
8. puerī Belgārum sagittīs territī sunt.
9. cīvēs ab imperātōre monēbuntur.
10. bonus pater ā filiō nōn timētur.

Answer 60.

1. equī ingentia onera portābant.
2. cīvēs urbem aggere iam mūnīvērunt.
3. pater filī cōnsiliō servātus est.
4. barbarōs terrā marīque regimus.
5. bonī cīvēs deōs timent.
6. filī, patris sagittā nōn vulnerāberis.
7. nostrī terrā marīque timentur.
8. urbs ā nostrīs occupāta erat.
9. pars equitum castra oppugnābit.
10. pars urbis imperātōris cōnsiliō servāta est.

Answer 61.

1. omnēs exercitūs ab imperātōribus dūcuntur.
2. Gallī ācrī nostrōrum impetū territī sunt.
3. terra ā Rōmānīs regēbātur.
4. in multās urbēs dūcēmur.
5. ā populō Rōmānō nōn regēmur.
6. mīlitēs Rōmānī contrā hostēs dūcuntur.
7. patrum cōnsiliō nōn dūcentur.
8. ācrī hostium impetū territī sumus.
9. pars exercitus Rōmānī ā Gallīs oppugnāta est.
10. imperātōris cōnsilium ā mīlitibus neglēctum est.

Answer 62.

1. ingentēs hostium cōpiās ācrī impetū superāvimus.
2. pars exercitūs Belgārum castra oppugnābat.
3. urbs ab exercitū neglēcta est.
4. peditēs contrā aggerem dūcuntur.
5. imperātor exercitum in oppidum dūcit.
6. patris cōnsilium ā filiīs saepe neglegēbātur.
7. ācrem equitum impetum sustinuimus.
8. patria ā bonīs ducibus regitur.
9. imperātōris cōnsilium ā cīvibus Rōmānīs nōn
   neglegētur.
10. hostēs mīlitum Rōmānōrum impetum nōn sustinēbunt.

Answer 63.

1. multī exercitūs ā Rōmānīs contrā Gallōs ductī sunt.
2. victōriam exercituī Rōmānō nūntiāvērunt.
3. bellum ab omnī urbe parātur.
4. Gallōrum impetus ab omnī exercitū sustinēbātur.
5. barbarī exercitūs Rōmānōs saepe oppugnābant.
6. exercitus in agrōs Gallōrum dūcētur.
7. barbarī magnōs exercitūs Rōmānī clāmōrēs audīvērunt.
8. Gallī oppida aggeribus saepe mūniēbant.
9. magnae peditum cōpiae contrā Belgās dūcuntur.
10. ā patre nōn neglegēris.

Answer 64.

1. equitēs dextrō cornū instructī erant.
2. exercitus in castra redūcētur.
3. ab imperātōre nōn neglēctus eris.
4. pars exercitūs ā Labiēnō instructa est.
5. imperātōrēs cōpiās instruunt.
6. sinistrum cornū ā peditibus Rōmānīs tenētur.
7. pars cōpiārum iam in castra reducta est.
8. equitēs Rōmānōs dextrō cornū instruxit.
9. pars exercitūs contrā urbem instructa est.
10. victōriam exercituī nūntiant.

Answer 65.

1. mīlitēs Rōmānī contrā aggerem instructī erant.
2. equitēs in castra Rōmāna redūcentur.
3. sinistrum cornū exercitūs ā peditibus tenētur.
4. magna pars exercitūs Rōmānī ab hostibus superāta est.
5. urbs ā Rōmānīs rēcta erat.
6. imperātōris cōnsilium nōn neglēctum erit.
7. Rōmānī ā barbarīs nōn regentur.
8. urbs ab omnī exercitū oppugnātur.
9. ducum cōnsiliō dūcēmur.
10. Labiēnus equitēs dextrō cornū instruxerat.

Answer 66.

1. populus Rōmānus ab omnibus barbarīs timēbātur.
2. pars oppidī ab exercitū occupāta erat.
3. copiās in castra redūcit.
4. exercitus Rōmānus contrā Belgārum cōpiās dūcitur.
5. patris cōnsilium ā fīliō nōn neglēctum est.
6. pars exercitūs cīvium clāmōrēs audīvit.
7. dextrō cornū nostrī sagittīs vulnerābantur.
8. mīlitēs ācrēs hostium impetūs sustinēbant.
9. barbarōs ācrī impetū superāvimus.
10. mīlitēs, in castra redūcēminī.

Answer 67.

1. exercitus Rōmānus silvā impedītus est.
2. cīvium clāmōrēs ab imperātōre audītī sunt.
3. magna pars oppidī ā cīvibus mūnītur.
4. ā mīlitibus Rōmānīs nōn impediēmur.
5. urbs aggere et turribus mūniēbātur.
6. rēgis vōx ab omnibus mīlitibus audiētur.
7. cīvēs oppidum ingentī aggere mūniunt.
8. equitum victōria rēgi nūntiābitur.
9. ab hostium ducibus nōn audiēris.
10. omnia Gallōrum oppida mūniuntur.

Answer 68.

1. silvīs impediēmur.
2. Gallī multās turrēs aedificāverant.
3. ab exercitūs Rōmānī imperātōre impediēbantur.
4. rēx peditēs sinistrō cornū instruet.
5. magna pars urbis aggere mūniētur.
6. omnēs cōpiae hostium contrā turrem instructae sunt.
7. mīlitēs oneribus impediēbantur.
8. hostēs ācrem nostrōrum impetum sustinēbant.
9. ingentēs cōpiae Gallōrum parvam silvam occupāverant.
10. magnī barbarōrum clāmōrēs ā Rōmānīs audiēbantur.

Answer 69.

1. dextrō cornū Belgae nostrōrum impetum sustinuērunt.
2. Labiēnī vōx ā mīlitibus audīta est.
3. rēx equitēs in castra redūxit.
4. terra multās silvās habēbat.
5. equitēs Rōmānī contrā hostium peditēs instructī sunt.
6. barbarōrum clāmōrēs ab omnī exercitū audientur.
7. magna pars urbis ab imperātōre Rōmānō servāta est.
8. omnia oppida ā rēgis cōpiīs vastābuntur.
9. vōx miserōrum ā dīs audītur.
10. captīvōrum clāmōrēs ā rēge audiuntur.

Answer 70.

1. magnī hostium clāmōrēs ā nostrīs iam audītī erant.
2. ingentēs barbarōrum cōpiae Rōmānōrum aciem
    oppugnāvērunt.
3. magna pars urbis aggeribus mūnīta erat.
4. mīlitēs Rōmānī ā barbarīs nōn impedientur.
5. dux exercitūs aciem instruxit.
6. magnī parvīs rēbus nōn terrentur.
7. multa nostrōs impedīvērunt.
8. rēgis vōx ab omnibus cīvibus audīta est.
9. Caesar aciem instruxerat.
10. omnia Gallōrum oppida mūrīs mūnīta sunt.

Answer 71.

1. captīvōrum clāmōrēs ā Caesare audītī sunt.
2. nostrī hostium aciem iaculīs et sagittīs oppugnāvērunt.
3. magna pars urbis iam mūnīta est.
4. hostium aciēs contrā castra Rōmāna instructa est.
5. urbs magnō aggere mūnīta erat.
6. iam mīlitum vōcēs audītae erant.
7. Belgārum aciēs ā rēge instructa erat.
8. cīvium clāmor ab omnī exercitū audītus erit.
9. rēx cīvium cōnsilium neglēxerat.
10. ingentia onera ā rēgis mīlitibus portābantur.

Answer 72.

1. omnia ā duce audīta erant.
2. multīs rēbus impedītī sumus.
3. exercitūs Rōmānī clāmōrēs ā barbarīs nōn audītī erant.
4. rēgis cōpiae nostrōrum aciem oppugnāvērunt.
5. castra magnō aggere mūnīta sunt.
6. equitēs in castra ā rēge reductī sunt.
7. urbs magnā turre mūnīta est.
8. omnia puerōs et barbarōs terrent.
9. Caesar magnam partem cōpiārum in silvam redūxit.
10. nostrōrum impetus ab hostium aciē sustinēbātur.

Answer 73.

1. magnus erat numerus captīvōrum in castrīs.
2. fēlīcēs nōn erimus.
3. Cotta dux fuit cōpiārum Rōmānārum.
4. hostium mūrī parvī erant.
5. multī sunt in urbe captīvī.
6. magna erat imperātōrum Rōmānōrum sapientia.
7. cīvis Rōmānus sum.
8. Galliae urbēs pulchrae nōn erant.
9. barbarōrum clāmōrēs nostrōs numquam terrēbant.
10. Rōmānī in omnī pugnā fēlīcēs fuērunt.

Answer 74.

1. imperātor fēlix, nōn audāx erat.
2. exercitūs Rōmānī imperātor fuerat.
3. numquam cīvēs Rōmānī eritis.
4. imperātōris cōnsilium audāx fuit.
5. Gallī hostem numquam timuerant.
6. puerī pater mīles erat.
7. peditēs urbem numquam oppugnāverant.
8. deī bonōs numquam neglēgunt.
9. magnae erant in silvīs equitum cōpiae.
10. parvus numerus cīvium hostium impetum sustinuit.

Answer 75.

1. vōx miserōrum ā dīs semper audiētur.
2. ācrēs hostium impetūs nostrōs numquam terrēbunt.
3. magnus numerus mīlitum in castra reductus erat.
4. magna cōnsilia parvīs rēbus saepe impediuntur.
5. hostium tēla magnum numerum nostrōrum vulnerāvērunt.
6. magna perīcula ab audācibus numquam timentur.
7. equitēs in silvā instructī erant.
8. puerī ā patribus saepe monentur.
9. multae urbēs et magnae turrēs in Galliā sunt.
10. omnia audācibus fēlīcia erunt.

Answer 76.

1. perīculum nostrīs gravius erit.
2. equitēs lātissimō flūmine impedientur.
3. urbs pulcherrima erat.
4. fortissimī mīlitēs dextrum cornū tenuērunt.
5. perīcula gravissima vītāvī.
6. peditēs quam equitēs fēlīciōrēs fuērunt.
7. hostium impetus ācerrimus fuit.
8. imperātor audācissimōs mīlitēs contrā oppidum instruxit.
9. multa onera mīlitem impediunt.
10. magnae urbēs nōn semper pulcherrimae sunt.

Answer 77.

1. nostrī Gallōs ācerrimō impetū superāvērunt.
2. peditēs quam equitēs in pugnā fortiōrēs erunt.
3. Gallōrum turrēs quam mūrī altiōrēs erant.
4. lātissimō flūmine impedītī sumus.
5. cīvium Rōmānōrum onera gravissima erant.
6. Belgae oppida altissimīs mūrīs mūnīvērunt.
7. imperātōris cōnsilium audācius est.
8. mūrus altissimus, flūmen lātissimum est.
9. nihil sapientiā pulchrius est.
10. Rōmānī Belgīs nōn audāciōrēs sunt.

Answer 78.

1. dux fortissimus nōn semper fēlīcissimus est.
2. Gallōrum arma graviōra quam nostrōrum erant.
3. Belgārum equitēs ācriter oppugnāvimus.
4. aciēs contrā flūmen altissimum instructa est.
5. imperātōrēs audācissimī ā mīlitibus semper amantur.
6. patre audācior nōn eris.
7. oppidum altō aggere et lātō flūmine mūnītum est.
8. graviōra bellī perīcula vītābimus.
9. castra ā fortī imperātōre oppugnāta sunt.
10. flūmina lātissima nōn semper altissima sunt.

Answer 79.

1. maxima perīcula facile vītāverat.
2. barbarōrum oppida minima erant.
3. Gallī māiōra tēla quam nostrī habēbant.
4. bellum Rōmānō rēs facillima est.
5. maxima perīcula fortem numquam terrent.
6. Belgārum castra minōra quam Rōmānōrum sunt.
7. imperātōris cōnsilium melius quam cīvium est.
8. nostrī arma meliōra quam hostēs habuērunt.
9. Gallī optimōs equōs habēbant.
10. rēs facilis exercituī Rōmānō fuit.

Answer 80.

1. optimōs mīlitēs contrā aggerem instruxit.
2. maximae urbēs nōn semper pulcherrimae sunt.
3. optimī cīvēs rēgis cōnsilium nōn neglegent.
4. oppidum maximīs turribus mūnītum est.
5. Rōmānōrum aciēs minor quam barbarōrum fuit.
6. imperātōris cōnsilium exercituī utilissimum erit.
7. hostium scūta minima erant.
8. māiōra castra numquam oppugnāverāmus.
9. Labiēnus ab optimīs mīlitibus amābātur.
10. maximā virtūte omnia perīcula superāvistī.

Answer 81.

1. ācerrimī impetūs nōn semper fēlīcissimī sunt.
2. optimī mīlitēs in castra reductī sunt.
3. nostrī oppidum magnā virtūte occupāvērunt.
4. equitēs hostium cōpiās facile superāvērunt.
5. parvus numerus peditum ā nostrīs oppugnātus est.
6. mīlitēs contrā barbarōs bene pugnāverant.
7. nostrī impetum magnā virtūte sustinuērunt.
8. Gallī peditēs Rōmānōs ācriter oppugnāvērunt.
9. Belgārum cōpiās facile superābimus.
10. puer ā patre bene monitus erat.

Answer 82.

1. cōnsilium meum quam tuum melius erat.
2. victōria tua mihi nuntiāta est.
3. mīlitēs nostrī oppidum eōrum oppugnāvērunt.
4. victōriam eī nūntiāvimus.
5. nōn mē in urbe cēlābō.
6. cīvēs urbem suam servāvērunt.
7. equitēs sē in silvā cēlāvērunt.
8. barbarī agrōs nostrōs vastāvērunt.
9. peditum vestrōrum impetū nōn terrēbimur.
10. ēius cōnsilium cīvibus utilissimum fuit.

Answer 83.

1. pugnam tibi nūntiāvimus.
2. Gallī impetum nostrum fortiter sustinuērunt.
3. urbs eōrum altō aggere bene mūnīta est.
4. patria nostra ā barbarīs numquam regētur.
5. hostēs ā mē superātī sunt.
6. imperātōris vestrī cōnsilium nōn neglegēmus.
7. hostium mīlitēs in silvīs sē cēlant.
8. exercitus vester flūmine impediētur.
9. fīlius ēius sagittā nōn vulnerātus est.
10. equitēs nostrī dextrō cornū instructī erant.

Answer 84.

1. gravissima onera ā nōbīs facillimē portābuntur.
2. rēx tē audiet et urbem servābit.
3. fīlī meī cōnsilium mihi utilissimum fuit.
4. rēs tibi et cīvibus tuīs difficillima erit.
5. nihil nostrā urbe pulchrius est.
6. tibi quam nōbīs facilius erit.
7. suō sē cōnsiliō servāvit.
8. equitēs eōrum quam peditēs fortiōrēs sunt.
9. patriae nostrae flūmina lātissima et altissima sunt.
10. castra eōrum minōra quam nostra erant.

Answer 85.

1. nihil utilius cīvibus nostrīs quam cōnsilium tuum erit.
2. haec pars urbis mūnīta nōn erat.
3. mīlitēs in illud oppidum dūcēmus.
4. hūius bellī perīcula gravissima erunt.
5. mīlitēs tuī hanc turrem oppugnāvērunt.
6. equitēs eōrum in hāc silvā cēlātī sunt.
7. illud perīculum ā ducibus nostrīs superābitur.
8. maxima bella ab illīs barbarīs nōn timentur.
9. ille equus sagittā vulnerātus est.
10. haec pugna cōpiīs nostrīs fēlīcissima fuit.

Answer 86.

1. haec urbs ā Gallīs aedificāta est.
2. hoc mare altissimum est.
3. hic imperātor sē, nōn patriam servāvit.
4. hī impetūs ā fortibus mīlitibus facile sustinentur.
5. tēla eōrum equōs nostrōs vulnerābant.
6. cīvēs fortēs hōc cōnsiliō nōn terrēbis.
7. haec pars urbis ā Labiēnō tenēbātur.
8. hī mīlitēs sinistrō cornū instructī sunt.
9. barbarī hunc exercitum numquam superābunt.
10. tē hōc cōnsiliō nōn servābis.

Answer 87.

1. haec victōria nōbīs ā captīvīs nūntiāta est.
2. illud cōnsilium ā mē numquam neglegētur.
3. haec arma ā patre meō portābantur.
4. bellī perīcula hōs cīvēs numquam terrēbunt.
5. hoc mihi et tibi facile erit.
6. haec pulcherrima urbs ab hostibus oppugnāta est.
7. hī agrī ā Belgīs vastātī sunt.
8. victōria mihi ab hōc puerō nūntiāta est.
9. haec scūta lātissima et gravissima sunt.
10. hae urbēs altīs aggeribus et turribus mūnītae sunt.

Answer 88.

1. mīlitēs ipsī ab hostibus terrēbantur.
2. mīlitēs eōdem cōnsiliō sē servāvērunt.
3. ipsī urbem nostram oppugnābunt.
4. eadem omnibus nōn facilia sunt.
5. onus ipsum nōn gravissimum fuit.
6. eadem pars urbis ā peditibus oppugnābātur.
7. ipsī Belgae mīlitēs nostrōs nōn timent.
8. ēiusdem imperātōris sapientia oppidum servāvit.
9. victōriam imperātōrī ipsī nūntiāvimus.
10. et equitēs et peditēs eōdem impetū superātī sunt.

Answer 89.

1. tē laudās: mīlitēs nōn laudās.
2. exercitus ēius ab eīsdem hostibus superātus est.
3. fīlius ipse audācior quam pater est.
4. haec castra ab eīsdem cōpiīs oppugnāta sunt.
5. imperātor omnēs equitēs eōdem cornū instruxerat.
6. fortiter contrā eundem aggerem pugnābāmus.
7. haec gravia perīcula ab omnibus cīvibus timentur.
8. et equitēs et peditēs ab eōdem imperātōre laudātī sunt.
9. ducēs eōrum impetūs nostrōs fortiter sustinuērunt.
10. bellum ipsum nōn grave perīculum est.

Answer 90.

1. miserī captīvī suō cōnsiliō servātī sunt.
2. nōs in eādem silvā cēlāvimus.
3. haec ā mē, illa ā tē terra amātur.
4. rēx ipse bellī timōre nōn territus est.
5. in eādem parte urbis hostium clāmōrēs audiēbantur.
6. illud ipsum ā fortī nōn timēbitur.
7. equus eādem sagittā vulnerātus est.
8. imperātor ipse omnia bellī perīcula vītāvit.
9. idem flūmen et latissimum et altissimum fuit.
10. imperātor equitēs sinistrō cornū instruet.

Answer 91.

1. nāvis quam aedificāvimus maxima erat.
2. castra quae oppugnāvērunt minōra quam ipsōrum erant.
3. is quī victōriam nūntiāvit ab imperātōre laudātus est.
4. urbis pars quam nōs neglēximus ab hostibus oppugnāta est.
5. hominēs quōs regis tē nōn amant.
6. mīlitēs clāmōribus, quōs audīvērunt, territī sunt.
7. ab hostibus, quī semper nōs timuerant, oppugnātī sumus.
8. mūrus, quem aedificāvimus, altior quam Gallōrum fuit.
9. cīvēs imperātōrem, quī semper superātur, nōn amant.
10. nāvēs, quās aedificāmus, omnia perīcula vītābunt.

Answer 92.

1. mīlitēs, quōs laudāverāmus, superātī sunt.
2. ego, quī numquam perīculum vītāvī, dux vester erō.
3. deī, quōs timēmus, nōs audient.
4. in hāc urbe, quam oppugnābāmus, multī captīvī erant.
5. imperātor ipse, quem omnēs amābant, vulnerātus est.
6. urbem, quae altō aggere mūnīta erat, occupāvimus.
7. nōs, quī patrēs eōrum superāvimus, numquam superābunt.
8. multa, quae barbarōs terrent, nōs nōn terrent.
9. mīlitēs, quī oppidum tenēbant, ācriter pugnāvērunt.
10. Cotta cōpiās suās in agrōs, quī ab hostibus vastātī erant, dūxit.

Answer 93.

1. haec victōria ā mīlite, quī pugnam vītāverat, nūntiāta est.
2. oppidum quod oppugnābāmus turribus et aggeribus mūnītum erat.
3. imperātōris quī hostēs superāvit cōnsilium nōn neglegēmus.
4. nāvēs, quās aedificāverāmus, māiōrēs quam Gallōrum erant.
5. hōc onus, quod portās, gravissimum est.
6. imperātor quem amāvimus ā Gallīs superātus est.
7. sapientia hominibus ūtilissima est.
8. īdem exercitus Labiēnum superāvit.
9. urbem quam aedificāmus mūniēmus.
10. haec castra māiōra sunt quam quae oppugnābās.

Answer 94.

1. imperātor, cūius adventū urbs servāta est, ipse vulnerātus est.
2. is, cuī victōriam nūntiāvistī, mihi eam nūntiāvit.
3. hunc mōrem, quem tū laudās, ego culpō.
4. equitēs, quōrum virtūte urbs servāta est, ab imperātōre laudātī sunt.
5. omnēs, quōrum patrēs contrā Gallōs pugnāvērunt, fortiter iam pugnābunt.
6. hic fuit rēx cūius cōpiās superāvimus.
7. exercitus quem in castra redūxistī numquam superātus erat.
8. silva, in quā nostrōs cēlāvimus, maxima fuit.
9. nihil nōbīs ūtilius hōc cōnsiliō erit.
10. patriam, quam amāmus, nostrā virtūte servābimus.

Answer 95.

1. māiōrum cōpiārum adventū nōn terrēberis.
2. mīlitum animī victōria confirmātī sunt.
3. hostium, quī nōs oppugnāvērunt, impetum sustinuimus.
4. fortissimī dextrō cornū collocātī erant.
5. eadem urbs ā minōribus Rōmānōrum cōpiīs tenēbātur.
6. deī hominum cōnsilia regunt.
7. imperātor adventū suō mīlitum animōs confirmāvit.
8. barbarōrum clāmōrēs in castrīs nostrīs audītī sunt.
9. hārum cōpiārum adventus nostrōrum animōs confirmāvit.
10. mīlitī nihil ūtilius est quam arma.

Answer 96.

1. hostēs imperātōris, quī saepe eōs superāverat, adventū territī sunt.
2. omnēs imperātōrem, cūius virtūte oppidum servātum est, laudāvimus.
3. Rōmānī, quōrum mōrēs omnēs laudant, nōn saepe superātī sunt.
4. Labiēnus, quī ā nōbīs monitus erat, ab hostibus vulnerātus est.
5. flūmen, quō impedītī sumus, altissimum erat.
6. ea pars urbis, quam hostēs oppugnāvērunt, ā nōbīs neglēcta erat.
7. fīliī vestrī terram, in quā iam pugnātis, regent.
8. omnēs imperātōrem, cūius cōnsiliō urbem mūnīverāmus, culpāvērunt.
9. oppidum, in quō captīvōs cēlāvimus, iam ab hostibus tenētur.
10. Gallī oppidum, cūius mūrōs oppugnāmus, aedificāvērunt.

Answer 97.

1. septem cohortēs ē castrīs mīsit.
2. Caesar ex Ītaliā in Gallōrum agrōs contendit.
3. legiōnēs quās mīsimus superātae sunt.
4. hūius legiōnis mīlitēs hostēs nōn timent.
5. ūna cohors flūmine impedīta est.
6. haec legiō ab hostium equitibus oppugnāta est.
7. Caesar quīnque cohortēs in oppidum mittet.
8. ē castrīs in Ītaliam contendēmus.
9. illius legiōnis mīlitēs in castrīs manēbunt.
10. duo exercitūs hostium ad oppidum contendēbant.

Answer 98.

1. mīlitēs vīgintī captīvōs ad Caesarem dūxērunt.
2. duārum legiōnum equitēs in silvā manēbunt.
3. māiōrēs cōpiae ab imperātōre ad Galliam missae sunt.
4. erant in Galliā octō oppida quae nōn oppugnāverāmus.
5. trēs legiōnēs quās mīsistī superātae sunt.
6. duae cohortēs contrā aggerem instruentur.
7. Caesar illius legiōnis mīlitēs laudāvit.
8. quattuor cohortēs sinistrō cornū collocābimus.
9. hostēs hūius legiōnis virtūte superātī sunt.
10. octō cohortēs in oppidum missae sunt.

Answer 99.

1. ūnius cohortis mīlitēs omnia perīcula vītāvērunt.
2. exercitus Rōmānus in Gallōrum agrōs missus est.
3. duo puerī victōriam nōbīs nūntiāvērunt.
4. barbarī trium cohortium impetum sustinuērunt.
5. ūna legiō quam mīsērunt superāta est.
6. sapientēs deōrum cōnsilium nōn neglegent.
7. castra tribus aggeribus mūnīta sunt.
8. quīndecim captīvī in oppidō erant.
9. magnum numerum mīlitum ad nōs mīsērunt.
10. quīnque legiōnēs ex Ītaliā ad Galliam contendēbant.

Answer 100.

1. Rōmā ad Gallōrum agrōs contendimus.
2. Athēnīs omnēs hostium adventum timuērunt.
3. multae nāvēs Athēnās nāvigābunt.
4. mīlitēs quōs Gādibus superāvimus nōn iterum
   pugnābunt.
5. imperātor omnēs captīvōs Rōmam dūxit.
6. Rōmae Caesaris cōnsilium neglēctum erat.
7. eī quōs Rōmae vīdimus Athēnās contendunt.
8. puer quī in castrīs mānsit hostium victōriam nūntiāvit.
9. barbarī Carthāgine ā Rōmānīs superātī sunt.
10. pater ēius Gādibus sagittā vulnerātus erat.

Answer 101.

1. Carthāginem cum tribus legiōnibus contendit.
2. cīvēs quī Athēnīs manēbant ab imperātōre culpātī sunt.
3. perīculum gravius Rōmae quam Carthāgine erit.
4. barbari rēgem ipsum sagittā vulnerāvērunt.
5. Athēnīs omnēs sapientiam laudant.
6. duae cohortēs Gādibus manent.
7. tria oppida ab hostibus occupāta erant.
8. Caesar cum omnibus cōpiīs in Gallōrum agrōs contendit.
9. Rōmae magnus est numerus cīvium.
10. virtūte patriam iterum servāvistī.

Answer 102.

1. sunt Gādibus duae legiōnēs quae numquam superātae sunt.
2. mīlitēs quōs Labiēnus mīsit victōriam nōbīs nūntiāvērunt.
3. Rōmae sunt optimī mīlitēs et fortissimī imperātōrēs.
4. pulchriōrem urbem numquam vidēbimus.
5. pater meus cum tribus nāvibus Athēnīs Rhodum nāvigāvit.
6. barbarōrum clāmōrēs Rōmae ab omnibus cīvibus audītī sunt.
7. urbs quam vīdimus aggere mūnīta est.
8. cum ūnā legiōne Carthāginem contendēmus.
9. māiōrēs cōpiae hostium Rōmam contendunt.
10. flūmen quod vīdistī latissimum et altissimum est.

Answer 103.

1. captīvī tribus diēbus līberābuntur.
2. eō diē sexta legiō Rōmam contendit.
3. ūna cohors quīnque hōrās cum hostibus pugnāvit.
4. eōdem annō urbs ā Gallīs occupāta est.
5. ēius pater Carthāgine trēs annōs mānsit.
6. paucīs annīs urbs mūrīs mūnīta erit.
7. multās hōrās hostium aciem oppugnābāmus.
8. eī quōs Carthāgine vīdimus paucōs diēs mānsērunt.
9. eōdem diē decima legiō in Gallōrum agrōs ducta est.
10. tertiō annō Gallī ab hostibus superātī sunt.

Answer 104.

1. eō diē barbarōrum clāmōrēs in urbe audītī sunt.
2. captīvī quōs vīdimus paucīs diēbus līberābuntur.
3. plūrimōs diēs grave perīculum bellī erat.
4. eōsdem sextō diē iterum vīdimus.
5. sextā hōrā exercitus in castra reductus est.
6. trēs hōrās decima legiō cum hostibus pugnāvit.
7. mīles, cūius virtūte oppidum servātum est, līberātus est.
8. decimō diē Athēnīs ad Ītaliam nāvigāvimus.
9. quīntae legiōnis mīlitēs agrōs vastābant.
10. imperātor, cuī victōriam nūntiāvimus, Rōmam missus
    est.

Answer 105.

1. decimō annō hostēs superātī sunt.
2. paucōs diēs Athēnīs cum patre manēbimus.
3. barbarī Romam ingentibus cum cōpiīs contendunt.
4. quartō diē rēx in urbem cōpiās dūxit.
5. quīnta legiō, quae Carthāginem contendēbat, flūmine impedīta est.
6. duās hōrās nostrī cum hostibus fortiter pugnāvērunt.
7. puer, quem mīsimus, pugnam quīnque diēbus nūntiābit.
8. tertiō diē oppidum ā Belgīs occupātum est.
9. decima legiō, cūius virtūte hostēs superātī sunt, ā Caesare laudāta est.
10. ipsī hominem eōdem diē vīdimus.

Answer 106.

1. cēlāte vōs, cīvēs: hostēs oppidum occupāvērunt.
2. līberā captīvōs, Commī: cīvitātem servāvērunt.
3. vōs Carthāgine manēte: ego Rōmam contendam.
4. fortēs este, mīlitēs: hōs semper superāvimus.
5. patrum virtūtem laudāte, cīvēs.
6. urbem (cum) paucīs equitibus tenē.
7. mūrōs tribus aggeribus et altā turre mūnīte.
8. tē rege: hominēs quī sē regunt ab omnibus laudantur.
9. fortiter pugnāte: decima legiō ad nōs contendit.
10. vastāte agrōs, cīvēs: Rōmānī frūmentum nōn habēbunt.

Answer 107.

1. līberā obsidēs: Gallī bellum nōn parant.
2. amāte patriam et rēgem, puerī.
3. vītāte omnia perīcula: hūius terrae flūmina altissima sunt.
4. legiōnem quīntam ad Galliam, sextam Carthāginem mitte.
5. ācerrimōs hostium impetūs fortiter sustinē.
6. trēs diēs in urbe manē: perīculum grave est.
7. superā hostēs quōs iam superāvimus.
8. quīnque cohortēs Gādēs mitte.
9. castra altō aggere mūnīte.
10. urbem (cum) quīnque cohortibus tenē: plūrēs ad nōs mitte.

Answer 108.

1. Rhodum quattuor nāvibus nāvigā: frūmentum ad nostrōs mīlitēs portā.
2. equitēs sinistrō cornū instrue.
3. obsidēs, quī ā Belgīs missī sunt, ā Caesare līberātī sunt.
4. cīvitās, quam patrēs servāvērunt, ā barbarīs numquam regētur.
5. proelium, in quō quarta legiō pugnāverat, Rōmae nūntiātum est.
6. eōdem diē vīgintī obsidēs līberātī sunt.
7. multae cīvitātēs frūmentum ad Caesarem nōn mīserant.
8. illam pulcherrimam urbem iterum nōn vidēbimus.
9. imperātor ipse in oppidō cum paucīs cohortibus mānsit.
10. hūius cīvitātis cīvēs exercitum Rōmānum numquam vīderant.

Answer 109.

1. ā patre monēre: is tē melius quam hic monēbit.
2. fortius quam Gallī pugnābimus.
3. timē deōs: ab hominibus timēre.
4. Gallī māiōrēs nāvēs aedificābant.
5. quīnta legiō fortissimē eō diē pugnāvit.
6. paucās hōrās hostēs impetum nostrum fortius sustinuērunt.
7. ā barbarīs timēminī, Rōmānī.
8. hūius cīvitātis mīlitēs facilius superābimus.
9. eadem pars urbis ā quīntā legiōne tenēbātur.
10. oppidum ipsum imperātōrī nostrō nōtum nōn erat.

Answer 110.

1. omnēs Galliae gentēs Caesarem timēbant.
2. ā mē monēre: perīculum vītā.
3. nostrī trēs hōrās ācerrimē pugnāvērunt.
4. pater tuus optimē tē monuit.
5. numquam fortius quam illō diē equitēs pugnāverant.
6. Gallōrum cōpiās facillimē superāvimus.
7. ab omnibus laudāre: laus semper grāta est.
8. impetūs eōrum fortius sustinē.
9. illa pars terrae paucīs nōta erat.
10. octāva legiō eōdem diē ad Galliam contendit.

Answer 111.

1. cīvēs, quī ā nōbīs monitī erant, hostium impetum facillimē sustinuērunt.
2. equitēs fortius quam peditēs pugnāvērunt.
3. imperātōris vestrī cōnsiliō regiminī: urbem mūnīte.
4. hūius cīvitātis rēx frūmentum ad Caesarem nōn mīserat.
5. obsidēs ad hostēs mittēmus.
6. Rōmānī terrā marīque fortissimē pugnābant.
7. hostium tēla graviōra quam scūta nostra erant.
8. nihil grātius nōbīs quam cōnsilium tuum est.
9. ipsius rēgis vōx in urbe audīta est.
10. duae legiōnēs fortissimē prō patriā pugnāvērunt.

Answer 112.

1. Gallōs quam Rōmānōs vincere facilius erat.
2. bellum trēs annōs gerere difficile erit.
3. pugnāre mīlitibus quam cīvibus grātius erit.
4. ūtilissimum erit cīvitātī nostrae hōs hostēs vīcisse.
5. pulchrum erat tantum numerum Gallōrum vīcisse.
6. tribus annīs facilius erit bellum gerere.
7. grātum est prō patriā nostrā et cīvibus pugnāre.
8. mōs fuit Rōmānī bellum terrā marīque gerere.
9. facillimum erit imperātōris vōcem audīre.
10. melius erit equitēs in silvīs cēlāre.

Answer 113.

1. ūtilissimum erit nōbīs hostium agrōs vastāvisse.
2. melius est virtūte quam cōnsiliō vincere.
3. mōs fuit hūius gentis oppida altīs mūris mūnīre.
4. facilius erit cōpiās ad Galliam mittere quam in Ītaliā pugnāre.
5. melius est impetum sustinēre quam perīculum vītāvisse.
6. nōna legiō Carthāginem hōc annō mittētur.
7. difficillimum erit illam partem urbis mūnīre.
8. pulchrum est hostium impetum sustinuisse.
9. Rōmānī bellum terrā marīque multōs annōs gessērunt.
10. bellum ā Caesare contrā Gallōs gestum est.

Answer 114.

1. Gallī, contrā quōs bellum gesserāmus, nōs vīcērunt.
2. quīnta legiō, quae ad Galliam missa est, victa est.
3. saepe facilius est laudāre quam culpāre.
4. grātissimum est mihi tantum numerum cīvium vidēre.
5. mīlitēs quōs ad Galliam mīsimus bellum multōs annōs gessērunt.
6. paucīs annīs facile erit frūmentum ad urbem portāre.
7. difficillimum erat tantum perīculum vītāre.
8. malum est bōnī imperātōris cōnsilium neglēxisse.
9. facillimum erit hostēs vīcisse.
10. mōs fuit Rōmānōrum omnia castra aggeribus mūnīre.

Answer 115.

1. facilius est culpārī quam laudārī.
2. bonum erit hīs ā Rōmānīs vincī.
3. malum est ā malīs rēgibus regī.
4. grave erit ā tantō numerō barbarōrum oppugnārī.
5. turpissimum est hostium adventū terrērī.
6. grātum erit in castra redūcī.
7. difficile erat ab omnibus cīvibus audīrī.
8. monēre ā nōbīs: melius est monērī quam vincī.
9. difficillimum erit nostrīs hostium sagittās vītāre.
10. turpius est ab hōc laudārī quam ab illō culpārī.

Answer 116.

1. nostrī Gallōrum adventū perturbātī sunt.
2. laudā eōs quī cīvitātis hostēs vīcērunt.
3. fortissimē pugnāvistis: numquam victī estis.
4. facillimum est ā turpibus laudārī.
5. castra, quae mūnīverāmus, trēs hōrās oppugnāta sunt.
6. paucīs diēbus in urbe quam numquam vīdī eris.
7. mīlitēs per Gallōrum agrōs contendērunt.
8. nōn est turpe ā tantō numerō hostium vincī.
9. facilius est bellum terrā quam marī gerere.
10. turpius erit in urbe manēre quam vincī.

Answer 117.

1. māiōrēs cōpiās ad nōs paucīs diēbus mitte.
2. decem diēbus imperātōrem quī Gallōs vīcit vidēbimus.
3. Gallī bellum fortius hōc annō gerent.
4. imperātōris cōnsilium erat hostium castra oppugnāre.
5. facilius est bellum parāre quam hostēs superāre.
6. nōna legiō, quae ad Galliam missa est, numquam
   superāta erat.
7. difficillimum erit per hōs agrōs contendere.
8. dux barbarōrum cōnsiliō superātus est.
9. eōdem annō hūius oppidī cīvēs mūrum aedificāvērunt.
10. quīnque hōrās in minōribus castrīs mānsimus.

Answer 118.

1. nostrī, castra mūnientēs, ācriter ā Gallīs oppugnātī
   sunt.
2. Rōmānī, ad urbem contendentēs, latō flūmine impedītī
   sunt.
3. Athēnās nāvigantēs hostium nāvēs vīdimus.
4. puerōs in agrīs labōrantēs vīdimus.
5. imperātōrem mē culpantem timeō.
6. Rōmānī Gallōrum agrōs vastātūrī erant.
7. Carthāgine pugnāns sagittā vulnerātus est.
8. puerum ad silvam currentem vīdimus.
9. Gallī, castra nostra oppugnantēs, ipsī oppugnātī sunt.
10. captīvōs līberāns virtūtem eōrum laudāvit.

Answer 119.

1. decima legiō hostium castra oppugnātūra erat.
2. obsidēs līberāns ā suīs mīlitibus necātus est.
3. barbarōs arma in silvīs cēlantēs vīdimus.
4. quīntā hōrā dieī contrā hostēs contendit.
5. hostēs, fortissime pugnantēs, ā nostrīs equitibus oppugnatī sunt.
6. bellum in Galliā gestūrī erāmus.
7. nostrī, castra oppugnantēs, hostium iaculīs vulnerātī sunt.
8. turpe est hominēs ā quibus servātī sumus necāre.
9. curre ad urbem: victōriam cīvibus nūntiā.
10. hominēs quōs in silvā vīdimus ad urbem cucurrērunt.

Answer 120.

1. aciem instruēns sagittā necātus est.
2. sunt in hāc cīvitāte vīgintī hominēs quī rēgem numquam vīdērunt.
3. hostēs frūmentum in urbem ferentēs oppugnāvimus.
4. Gallī Labiēnum suōs in castra dūcentem oppugnāvērunt.
5. hostēs aciem instructūrī erant.
6. suōs ē proeliō ducēns sagittā vulnerātus est.
7. māiōrēs cōpiās ad urbem missūrus erat.
8. necārī quam vincī melius est.
9. eī ex urbe contendentī victōriam nūntiāvimus.
10. per Gallōrum agrōs contendentēs latissimum flūmen vīdimus.

Answer 121.

1. Gallōs flūmine impeditōs oppugnāvimus.
2. hostēs Caesaris adventū territōs vīcimus.
3. captīvōs damnātōs necāvērunt.
4. urbem altō mūrō mūnītam oppugnāvimus.
5. trēs diēs Labiēnus urbem (cum) paucīs cōpiīs tenuit.
6. captīvōs ā mīlitibus neglēctōs līberāvimus.
7. equitēs, in silvīs cēlātī, ā nostrīs superātī sunt.
8. hanc urbem, ā patribus nostrīs servātam, omnēs amāmus.
9. imperātor vulnerātus in castra ā mīlitibus portātus est.
10. paucīs annīs nōn facile erit frūmentum mittere.

Answer 122.

1. captīvī damnātī ā mīlitibus necātī sunt.
2. quōs laudāmus, eōs nōn semper amāmus.
3. mūrus, ā Gallīs aedificātus, ā patribus nostrīs vīsus est.
4. sagittā vulnerātus in castra cucurrit.
5. ab hostibus oppugnātī, trēs hōrās fortissimē pugnāvimus.
6. facilius erit hanc urbem oppugnāre quam cīvēs vincere.
7. ab omnibus culpātus Rōmam contendit.
8. hominēs necā quōs damnāvimus.
9. hostēs hoc flūmine impedītōs oppugnā.
10. melius est patriam (nostram) servāvisse quam perīculum vītāvisse.

Answer 123.

1. prō patriā pugnantēs victī sunt.
2. flūmine impedītī ab equitibus Rōmānīs oppugnātī sunt.
3. cīvium virtūte urbs nostra līberāta est.
4. optimum cōnsilium erit māiōrēs cōpiās ad bellum mittere.
5. ā patre suō neglēctus in urbe mānsit.
6. cohortēs quās mīsimus ā Labiēnō ductae est.
7. eam partem urbis, quam saepe oppugnāvimus, tenent.
8. facillimum pugnāre, vincere difficillimum est.
9. nōn turpe est ā malīs damnārī.
10. magnum exercitum in Galliam missūrī erāmus.

Answer 124.

1. vītēmus, cīvēs, omnia perīcula.
2. nē Athēnās nāvigēmus.
3. māiōrēs aedificāte nāvēs, Rōmānī.
4. fēlīciōrēs quam patrēs sint.
5. cum hostem timeat in castrīs manēbit.
6. nē hostem in hāc terrā videāmus.
7. cum sociōrum agrōs vastāvisset ab omnibus culpātus est.
8. cum Rōmae esset nōn damnātus est.
9. cum mīlitēs habeātis, ad sociōs cōpiās mittite.
10. impetum eōrum sustineāmus et patriam līberēmus.

Answer 125.

1. Rōmānī Gallōs hoc annōs superent.
2. nē māiōra castra oppugnēmus.
3. nē in castrīs maneam cum vulnerātīs.
4. cum patriam līberāverīs ab omnibus laudāberis.
5. omnēs cōpiās sociōrum convocēmus.
6. māiōrem hoc annō nāvium numerum aedificēmus.
7. hostem superēmus quem numquam timuimus.
8. nē in illā urbe maneat.
9. damnātōs captīvōs necēmus.
10. hostem virtūte superēmus.

Answer 126.

1. nē bonōs mōrēs patrum culpēmus.
2. patriam quam omnēs amāmus līberēmus.
3. pugnētis fortiter et Gallōs superētis.
4. nē victum hostem timeāmus.
5. illam urbis partem occupēmus.
6. cum bellum paret castra ēius oppugnēmus.
7. legiōnēs Rōmānās nē in hāc urbe videāmus.
8. cum Rōmae mānserit nōn prō patriā pugnābit.
9. vulnerātōs ad castra portēmus.
10. cum in urbe nōn esset, nōn rēgem vīdit.

Answer 127.

1. nē ducum cōnsilium neglegāmus.
2. nē puerum ad urbem mīserīs.
3. vincāmus hostēs quī sociōs terrent.
4. in Gallōrum agrīs bellum gerāmus.
5. ad exercitum Rōmānum frūmentum mittāmus.
6. nē eōs quōs patrēs vīcērunt timeāmus.
7. cīvēs, cum nostrum cōnsilium neglēxerint, vincentur.
8. cum cōpiās ad oppidum mīsisset ipse in castrīs mānsit.
9. mūrīs et turribus hanc urbem mūniāmus.
10. nē hūius malī virī verba audiāmus.

Answer 128.

1. illō tempore mōrēs Rōmānōrum ab omnibus laudābantur.
2. hōrum laudāte virtūtem quī fortiter prō patriā pugnāvērunt.
3. hoc diē hostēs vincāmus quī decem nostrum necāvērunt.
4. cum hanc gentem vīcerīmus Rōmam contendēmus.
5. cum obsidēs nōn mīsissent Caesar ducēs eōrum convocāvit.
6. victōriam nostrōrum nē impediāmus.
7. exercitum in illam cīvitātem mittāmus.
8. nē eōs neglegāmus quorum virtūte servātī sumus.
9. cum in Galliā bellum gerat nōn Carthāginem mittētur.
10. aciem instruāmus contrā urbem.

Answer 129.

1. cum castra oppugnāret nostrōs nōn vīdit.
2. mōs erat Rōmānōrum vulnerātōs ē pugnā portāre.
3. illō tempore hostēs nostram urbem tenēbant.
4. Gallī impetūs nostrōs fortissime sustinuērunt.
5. turpissimum est hominem damnāre quem omnēs laudant.
6. victōs mīlitēs (nostrōs) redūcāmus in castra.
7. omnēs cīvitātēs frūmentum ad Caesarem mittant.
8. cum timeat decima legiō, omnēs timent.
9. Rōmānōs castra mūnientēs impediāmus.
10. illō tempore et nāvēs et mīlitēs habuimus.

Answer 130.

1. nē ā victō hoste terreāmur.
2. semper ab sociīs amēmur.
3. cum vulnerātus sit nōn iterum pugnābit.
4. cum urbs servāta esset cīvēs nōn timēbant.
5. gravissima onera ab mīlitibus portentur.
6. cum victōria nūntiāta esset ab urbem cucurrērunt.
7. cum hostēs agrōs nostrōs vastent omnēs in urbe sumus.
8. cum omnia parāta sint ad urbem contendāmus.
9. tribus diēbus concilium habeātur.
10. hostēs ab equitibus nostrīs vincantur.

Answer 131.

1. urbs virtūte nostrōrum servētur.
2. eōdem tempore Rōmae cōnsilia habeantur.
3. nē ab hostibus terreāmur quōs patrēs nostrī vīcērunt.
4. cum mūrus iam aedificātus sit nōn hostēs timēmus.
5. nē adventū Caesaris perturbēmur.
6. cum impetum nostrum sustinuissent concilium convocāvimus.
7. vulnerāti ē pugnā portentur.
8. cum ducēs (nostrī) necātī sint nōn manēbimus.
9. eōs laudēmus quī bene nōs regunt.
10. nē mānsēris. hostēs aciem instruxērunt.

Answer 132.

1. obsidēs quōs mīsimus līberāvērunt.
2. multōs annōs haec cīvitās cum Rōmānīs bellum gerēbat.
3. cum decima legiō victa esset concilium convocāvimus.
4. cum pars exercitus Rōmānī ab hostibus vīsa esset barbarī territī sunt.
5. cum captīvōs līberāvit ipse damnētur.
6. cum numquam exercitum Rōmānum vīdisset timēbat.
7. hostem quarta hōra oppugnēmus.
8. concilia habēte, cīvēs: patriam līberāte.
9. captīvī quōs mīsimus necentur.
10. fēlīcissimē multōs annōs in Galliā bellum gesserat.

Answer 133.

1. verba patrum (nostrōrum) ab omnibus audiantur.
2. cum urbs iam mūnīta sit cīvēs bellum parant.
3. nē hostibus nostrae cīvitātis auxilium mittāmus.
4. pars urbis ab ipsis cīvibus mūniātur.
5. cum ab duce impedītī sīmus nōn pugnābimus.
6. cum exercitus in Galliam mittātur perīculum erit in Ītaliā.
7. auxilium Rōmānōrum in illō bellō nōbīs ūtilissimum erat.
8. nē verbīs hostium impedītus sīs.
9. nē cōnsilium ēius ā cīvibus nostrīs neglegātur.
10. melius est sociīs auxilium mittere quam frūmentum ad Caesarem portāre.

Answer 134.

1. verba vulnerātī ducis ab omnibus audiantur.
2. Caesaris ipsius verba audiāmus.
3. cum aciēs iam instructa sit fortiter pugnēmus.
4. peditēs omnēs in hāc parte urbis cēlentur.
5. cum Gallī iam victī essent in castra suōs redūxit.
6. terrā marīque bellum gerātur.
7. virtūte mīlitum, nōn cōnsiliō hostēs vincantur.
8. cum sociī sinistrō cornū collocātī essent victī sumus.
9. rēx hūius gentis Caesarī auxilium mīsit.
10. ūtilius erit concilium omnium Gallōrum convocāre.

Answer 135.

1. duae cohortēs Carthāginem mittantur.
2. hoc celeriter Gallīs nūntiātum est.
3. nē deōrum cōnsilium ab hominibus neglegātur.
4. cum ā Caesare bellum gerērētur barbarī timēbant.
5. nē ab eīs regāmur quōs patres (nostrīs) vīcērunt.
6. tribus diēbus auxilium sociīs mittētur.
7. a tē monitus celeriter suōs redūxit.
8. ne haec pulchra urbs ab hostibus occupētur.
9. haec gēns Gallīs semper in omnibus bellīs auxilium mīsit.
10. cum frūmentum missum sit obsidēs līberābuntur.

Answer 136.

1. mīlitēs ante pugnam paucīs verbīs hortātī sumus.
2. Athēnīs paucōs diēs morātī sumus.
3. verba sociōrum nōs hortantur.
4. nōn sagittīs in bellō ūtimur.
5. instructōs nostrōs hortābimur.
6. patrēs nostrī eōdem cōnsiliō ūtēbantur.
7. cum in urbe perīculum sit, nōn morābimur.
8. hortāns suōs sagittā vulnerātus est.
9. ducēs Gallōrum nostrīs cōnsiliīs ūtuntur.
10. paucīs verbīs suōs hortātus Carthāginem contendet.

Answer 137.

1. hortātus suōs in aciē instruxit.
2. numquam hīs scūtīs in bellō ūsī.
3. victōs mīlitēs hortēmur.
4. melius est in castrīs manēre quam vincī.
5. flūmine impedītī in hāc terrā multōs diēs morātī sunt.
6. victōria bene utāmur.
7. deī hominum cōnsiliīs ūtuntur.
8. arma quibus ūtēbantur numquam vīdī.
9. paucōs diēs in Galliā morātī agrōs vastāvērunt.
10. auxiliō sociōrum ūtāmur.

Answer 138.

1. nōn multōs diēs Athēnīs morābitur.
2. virtūte, nōn verbīs animōs mīlitum confirmāvit.
3. paucīs hōrīs omnia cōnsilia nostra hostibus nōta erunt.
4. ducem suōs hortantem audīvimus.
5. melius est sapientiā quam virtūte ūtī.
6. cum hostēs oppidum occupāvissent in agrīs morātī
    sumus.
7. haec gēns nāvibus in bellō nōn ūtitur.
8. turpissimum erit iam in castrīs morārī.
9. dux suōs hortātūrus erat.
10. numquam urbem vīdī in quā morāris.

Answer 139.

1. per agrōs Gallōrum iter faciunt.
2. urbem capiāmus quam oppugnāmus.
3. in itinere frūmentum ad eōs ab sociīs portābātur.
4. patris cōnsiliō omnia facit.
5. mātūrāte, mīlitēs: urbs nostra ab hostibus capitur.
6. nāvēs cēpimus quās Gallī mīserant.
7. audāx cōnsilium hostēs capiunt.
8. Rōmānī ad agrōs sociōrum iter faciēbant.
9. urbs quam patrēs nostrī servāvērunt iam ā Gallīs capiētur.
10. audācius cape cōnsilium, Labiēne: fac in hostēs impetum.

Answer 140.

1. nē morēmur: contendāmus in hostēs.
2. castra nostra ā Gallīs capiēbantur.
3. hoc cum cōnsilium cēperit in castrīs morābimur.
4. ūtilius erit hoc facere quam urbem capere.
5. cum castra caperentur mīlitēs in urbem cucurrērunt.
6. nōs nōn cōnsiliō ūtēmur quod Caesar cēpit.
7. castra Gallōrum ā nostrīs capta sunt.
8. omnia cīvēs faciēbant quae dux monuerat.
9. difficillimum erit nōbīs per vestrōs agrōs iter facere.
10. cum ā duce cōnsilium capiātur concilium convocābimus.

Answer 141.

1. quod capis cōnsilium omnēs laudābant.
2. cum urbs optime mūnīta sit, in ea morēmur.
3. cōnsilium quod cēperam ab omnibus culpābātur.
4. in itinere cōpiās vīdimus quās sociī nostrī mīserant.
5. victus exercitus nōn hoc cōnsilium capiet.
6. Gallī iam per nostrōs agrōs iter faciunt.
7. paucīs diēbus urbem quam aedificāvimus capient.
8. cīvēs id quod monuistī faciunt.
9. pessimum cum capiant cōnsilium nē eōs timeāmus.
10. bellum parantēs idem ipsī.

Answer 142.

1. volēbāmus ipsī īdem facere.
2. omnēs poterant rēgem vidēre cīvēs hortantem.
3. grave onus puerī nōn poterant portāre.
4. monitus ā patre volēbat in urbe morārī.
5. dux nōn potest māiōrēs cōpiās ad sociōs mittere.
6. cīvēs urbem quam amābant servāre nōn poterant.
7. omnēs prō patria pugnāre possumus.
8. equitēs nōn poterunt equīs ūtī.
9. nōn potuit ante noctem suōs redūcere.
10. virtūtem mīlitum volumus laudāre.

Answer 143.

1. nōn poterāmus multōs diēs Athēnīs morārī.
2. cum Gallī agrōs nostrōs vastent nōn potest obsidēs līberāre.
3. urbem quam oppugnāmus nōn possumus capere.
4. volēbant ipsum ducem vīdēre.
5. nōn poterimus per hanc terram iter facere.
6. barbarī voluerant castra nostra oppugnāre.
7. flūmine impedītī nōn potuērunt impetum nostrum sustinēre.
8. nōn potuērunt hīs tēlīs in bellō ūtī.
9. quīnta legiō nōn potuit equitēs Gallōrum superāre.
10. nōn potest omnia quae vult facere.

Answer 144.

1. adventū Caesaris territī barbarī nōn poterant arma capere.
2. cōnsilium quod monuistī capere nōn possumus.
3. nōn possumus hoc oppidum altō aggere mūnīre.
4. vult ipsum bellum gerere.
5. nōn poterant cōnsilium suī ducīs neglegere.
6. volēbant ante pugnam mīlitēs hortārī.
7. omnēs volumus ā Rōmānīs regī.
8. illa pars urbis nōn poterat ab hostibus capī.
9. cum pugnāre nōn possent in castrīs morātī sunt.
10. cum rēgem vīdēre vellet sē cēlāvit.

Answer 145.

1. mālumus vulnerārī quam vincī.
2. vulnerātum mīlitem necāre nōluit.
3. nōn vult Rōmam iter facere.
4. virtūte mālunt hostēs vincere.
5. nōlēbant ā malō monērī.
6. volēbant ab omnibus timērī.
7. māvult in nostrīs agrīs bellum gerere.
8. ācrem hostium impetum nōluērunt sustinēre.
9. nōn potuerant fortius quam hostēs pugnāre.
10. melius quam vestrum cōnsilium capere possumus.

Answer 146.

1. nōluimus verba rēgis audīre.
2. nōn poterunt multōs diēs Carthāgine morārī.
3. Caesar nōlēbat ante nocte suōs redūcere.
4. omnēs laudārī quam culpārī mālunt.
5. puer cum vulnerātus esset celerrime nōn poterat
   currere.
6. cum terrā marīque bellum gerātur perīculum nōn
   potest vītarī.
7. nōlī hūius verbīs perturbārī.
8. nōlent legiōnem Rōmānam oppugnāre.
9. hostēs, ad urbem facientēs, vīdēre nōn potuerāmus.
10. haec cīvitās nōluit frūmentum ad Caesārem mittere.

Answer 147.

1. tantum numerum equitum nōn possumus sustinēre.
2. urbs nōn poterat tribus diēbus mūnīrī.
3. mīlitēs ā tē dūcī mālunt quam ā mē.
4. nōlēbat multōs diēs in eādem urbe morārī.
5. mīlitēs hortātī concilium convocāvimus cīvium.
6. in silvā cēlātī nōn poterant hostēs vīdēre.
7. nōlī hominem laudāre quī sē laudat.
8. cum pugnāre māllet ad exercitum missus est.
9. facillimum erit tūtius capere cōnsilium.
10. nōlī verba ipsius deī neglegere.

Answer 148.

1. nōlēbāmus tēcum ad urbem īre.
2. paucī mīlitēs ex oppidō .
3. omnia fert fortissime.
4. Caesar constituit sociīs nostrīs auxilium mittere.
5. quīnque diēbus Rōmam ibimus.
6. cum manēre cōnstituisset īre nōluit.
7. multōs diēs cīvēs perīcula bellī ferēbant.
8. omnēs bonī vincī quam hoc cōnsilium capere mālunt.
9. ad Galliam cum Caesare ivit.
10. cum hostēs sociōs nostrōs oppugnent eāmus.

Answer 149.

1. ad castra mēcum duābus hōrīs ībis.
2. cum illī īre nōllent, nōs cōnstituimus manēre.
3. nōlīte in urbe concilium convocāre.
4. ducem ad bellum euntem vīdimus.
5. suōs hortātus Rōmam ivit.
6. cum nōn possint patriam līberāre ad Galliam ībunt.
7. mīlitēs pēiōra in bellō tūlerant.
8. ad urbem eunt quam semper voluērunt vidēre.
9. eant: nōn poterunt cōnsilium nostrum impedīre.
10. cum nōbīscum nōn iisset nōn captus est.

Answer 150.

1. omnia perīcula ā bonīs fortiter feruntur.
2. dux vulnerātus ad castra portātus est.
3. haec cīvitās cōnstituerat ad hostēs nostrōs auxilium mittere.
4. melius est perīculum ferre quam sociōs neglegere.
5. cum ille nōbīscum īret nāvigāre nōn poterāmus.
6. rēgem suum necāre cōnstituērunt.
7. laudem hūius hominis nōn possumus ferre.
8. cum pugnāre cōnstituerint ad castra eunt.
9. nōlī equitēs dextrō cornū collocāre.
10. numquam oppidum ad quod ībāmus vīderam.

Answer 151.

1. puer iam sapientior fit.
2. cum numquam victus esset vir ēgregius habēbātur.
3. audācior quam frāter vidētur.
4. castra eōrum minōra quam nostra vidēbantur.
5. captīvī miserrimī vidēbantur.
6. volumus cōnsiliō sapientium regī.
7. haec urbs pulcherrima nōbīs vīsa est.
8. nōlēbāmus hūius gentis sociī fierī.
9. sapientior quam pater fiās.
10. virtūtem ēgregiam decimae legiōnis omnēs laudābant.

Answer 152.

1. mōrēs patrum (nostrōrum) optimī fuisse videntur.
2. nōn potēs sapientior quam frāter fierī.
3. māvult fortis quam bonus habērī.
4. imperātor factus optimē nōs monēbat.
5. hostēs contrā nōs iter facientēs nihil impedīre potest.
6. melior quam pater vidētur.
7. cum imperātor nōn posset fierī Rōmae mānsit.
8. illōrum agrī quam nostrī latiōrēs videntur.
9. vidētur cōnstituisse nōbīscum īre.
10. cum in Galliā bene pugnāvisset ūtilis cīvitātī habēbatur.

Answer 153.

1. deī videntur nostra cōnsilia impedīvisse.
2. nāvēs maximae barbarīs vidēbantur.
3. cum imperātor esse nōn posset Carthāgine manēre māluit.
4. hīs tēlīs in omnibus pugnīs ūtī videntur.
5. fortissimus imperātor ab omnibus habēris.
6. paucōs annōs Athēnīs morātus sapientior factus est.
7. cum Gallōs vīcerit vir magnus habētur.
8. quī cōnsilium sapientium neglēgit, is numquam ipse fit sapiēns.
9. cum cīvitātī ūtilis habērētur nōn damnātus est.
10. pater tuus ab omnibus discipulīs sapientissimus habēbātur.

Answer 154.

1. hoc annō populus Cottam cōnsulem creābit.
2. in illā urbe magistrātus nōn ā populō creantur.
3. eōs quī patriam līberant bonōs nōminō.
4. cum ūtilis cīvitātī habērētur eum cōnsulem creāvērunt.
5. imperātōrem quī victus est fēlīcem nōn possumus nōmināre.
6. mālō cōnsul populī Rōmānī esse quam dux exercitūs.
7. cum semper nōs bene monuerit sapientem eum nōmināmus.
8. populus nōn tē magistrātum creābit.
9. ab omnibus quī eum vīdērunt sapiēns nōminātur.
10. cum cōnsul creātus esset ad urbem īre cōnstituit.

Answer 155.

1. cīvēs Rōmānī nōlēbant Caesarem rēgem nōmināre.
2. sapientior quam pater vidēbatur.
3. ā magistrātū damnātus nōn poterat Rōmae manēre.
4. vult ā cīvibus cōnsul creārī.
5. populus Rōmānus cōnstituit tē imperātōrem nōmināre.
6. nōn audent cīvēs eum cōnsulem creāre.
7. cum Caesarem imperātōrem creāverīmus cīvitās tūta erit.
8. cum multa perīcula tulisset fortis putābātur.
9. nōn possumus eum damnāre quem populus Rōmānus magistrātum creāvit.
10. nē audeant mē turpem nōmināre.

Answer 156.

1. cum omnia prō patriā ferat bonum eum nōmināmus.
2. nōn ausī sumus frūmentum ad exercitum Rōmānum mittere.
3. cum omnia facere posset vir ēgregius vidēbātur.
4. numquam ausus est concilium cīvium convocāre.
5. cum cōnsul creārī nōllet ab omnibus laudābātur.
6. clāmōribus eōrum territus ad magistrātūs cucurrit.
7. cum flūmine impedīrēmur īre nōn ausī sumus.
8. cum cīvitātī ūtilis vidērētur cōnsul creātus est.
9. captīvī quōs damnāvimus ā magistrātū līberābuntur.
10. hostēs legiōnem Rōmānam oppugnāre nōn ausī sunt.

Answer 157.

1. quis ausus est hoc cōnsilium capere?
2. quid Rōmae poterimus facere?
3. cur obsidēs quōs mīsimus līberāvērunt?
4. quis hoc annō cōnsul creābitur?
5. quid in illā parte urbis vīdistī?
6. cur haec cohors in castra reducta est?
7. quis nōn vult prō patriā perīcula ferre?
8. cur cōnsulēs illō annō Rōmae nōn creātī sunt?
9. ā quibus agrī sociōrum nostrōrum vastātī sunt?
10. cui dux vester hanc victōriam nūntiāvit?

Answer 158.

1. quid facitis? urbs ab hostibus capitur.
2. cur equitēs dextrō cornū collocāvistī?
3. nōnne mīlitēs Rōmānōs nāvēs aedificantēs vīdistī?
4. num imperātōrem nostrum fortem habēs?
5. idne fēcistī quod pater monuit?
6. nōnne imperātor suōs hortātus est?
7. semper amīcus populī Rōmānī habēberis.
8. nōnne haec gēns ad exercitum nostrum frūmentum
     mittere potest?
9. num vult eōs quōs damnāvimus līberāre?
10. multōsne diēs Rōmae morāberis?

Answer 159.

1. num magnum numerum nāvium habēre cīvitātī ūtile est?
2. nōnne laus omnibus grāta est?
3. num ausī sunt legiōnem Rōmānam oppugnāre?
4. clāmōrēsne cīvium ā rēge audientur?
5. num cōnsilium capiēs quod ab omnibus culpātur?
6. nōnne verba patris audīvistī?
7. cur cōnsilium sapientissimōrum neglēxistī?
8. quis volet Carthāgine manēre?
9. quid ad patrem mīsistī?
10. cur eī quōs vīcimus iterum pugnant?

Answer 160.

1. et ego et tū cum exercitū ad Galliam ībimus.
2. urbs Rōma ā Gallīs capta est.
3. Caesar cōnsul ad nostram urbem veniet.
4. legiōnes Rōmānās habēbitis, magnum praesidium.
5. tū et fīlius ab omnibus cīvibus culpābāminī.
6. Rōma, urbs maxima Ītaliae, ab hostibus capiētur.
7. ego et tū nōn possumus ad mīlitēs vulnerātōs auxilium ferre.
8. nōnne ad urbem Athēnās ībunt?
9. quis potest ācrem impetum nostrōrum sustinēre?
10. magnā et sapientiā et opibus multōs annōs regnum obtinēbit.

Answer 161.

1. tū et ille nōbīscum īre nōlēbātis.
2. quid Cotta, cīvis Rōmānus, prō nōbīs facere poterit?
3. pater ēius et māter Rōmae morārī nōn ausī sunt.
4. oppidum Vērōna ā Gallīs oppugnātur.
5. ego et ille Athēnīs Rōmam veniēbāmus.
6. ego et Cotta victīs sociīs auxilium ferēmus.
7. cur nōn mē populī Rōmānī amīcum habēbās?
8. num omnibus tēlīs quae portās ūtēris?
9. tū et amīcus tuus cōnsilium patris tuī neglēxistis.
10. cum ad nōs vēnisset, nōn tēcum īre ausī sumus.

Answer 162.

1. vīdistīne amīcum tuum ad urbem venientem?
2. cum ego et tū condemnātī sīmus necābimur.
3. trēs diēs in oppidō Vērōnā morātus ad nōs vēnit.
4. tū et Caesar multa bella gessistis.
5. fīlius ēius magnā et virtūte et opibus regnō potītus erat.
6. pater tuus et māter damnātum captīvum ausī sunt
   līberāre.
7. cōnsul creātus paucīs verbīs cīvēs hortātus est.
8. num haec cīvitās ad oppidum Vērōnam ausa est
   frūmentum mittere?
9. ego et tū concilium omnium cīvium convocābimus.
10. cur tū, cōnsul Rōmānus, contrā nōs vēnistī quī sociī
    habēmur?

Answer 163.

1. magistrātus creātus mē sententiam rogāvit.
2. cum in urbe morārī vellet ad cōnsulem īvit.
3. omnia eōs ipsī doceāmus.
4. cur nōn patrem sententiam rogāvistī?
5. quis tantum equitum numerum ad oppidum Vērōnam mīsit?
6. nōnne pater tuus, omnium sapientissimus, hoc tē docuit?
7. ad urbem euntem eum sententiam rogāvī.
8. nōlī nōbīscum venīre: tūtius erit Rōmae manēre.
9. Britannī hīs tēlis in omnibus pugnīs ūtēbantur.
10. obsidēs quōs mīserāmus quīnque diēs in castrīs tenēbantur.

Answer 164.

1. imperātor cūius exercitus nōs vīcit cōnsul creātus est.
2. Rōmam missus victōriam magistrātuī nūntiāvit.
3. nōn poteris mē multa docēre: ā patre doctus sum.
4. audācissimī mīlitum adventū ipsius imperātōris territī sunt.
5. facilius est puerōs litterās docēre quam bellum gerere.
6. nōnne fortissimī Gallōrum contrā legiōnēs nostrās pugnant?
7. multōs annōs bellum contrā Britannōs gestum est.
8. hoc omnium itinerum difficillimum erat.
9. cum cōnsul creātus sim tēcum īre nōn poterō.
10. victīs Rōmānīs auxilium tulimus.

Answer 165.

1. Rōmā ībant ad urbem in quā captīvī erant.
2. ego et tau puerum litterās docēbimus.
3. maxima pars hūius urbis altō aggere mūnīta est.
4. melius est hostēs vīcisse quam puerōs litterās docuisse.
5. nōnne vulnerātī ā nōbīs ad castra portātī sunt?
6. fortissimī mīlitum scūtīs ūtī nōluērunt.
7. multōs annōs regnum Britannōrum obtinēbat.
8. pater meus et māter ab hōc rēge necātī sunt.
9. cīvēs nōn ausī sunt hunc magistrātum creāre.
10. nōlīte imperātōrem culpāre; illam partem oppidī nōn poterat tenēre.

Answer 166.

1. sociī nōlēbant nostrō imperātōrī pārēre.
2. parvus numerus Gallōrum illō tempore Rōmānīs serviēbat.
3. nōnne māter mea tuam sorōrem litterās docuit?
4. cum ego et tū cōnsulī pāruerimus līberābimur.
5. inter castra et flūmen erat oppidum Vērōna.
6. melius erit ducī nostrō pārēre quam regnum occupāre.
7. frāter tuus et soror nōn ausī sunt Rōmam vēnīre.
8. cōnsiliō eōrum quī nōs hortantur cēdāmus.
9. sunt huic puerō frāter et soror.
10. nōnne melius est Rōmānīs servīre quam hoc facere?

Answer 167.

1. magistrātus creātus nōluit patrī pārēre.
2. quis vulnerātīs mīlitibus auxilium feret?
3. ēgregiā virtūte audācissimam omnīs Galliae gentem vīcit.
4. nōlīte hostibus quōs patrēs nostrī vīcērunt cēdere.
5. cum nōbīs servīrent Gallīs auxilium ferre nōn poterant.
6. ego et tū tēlīs nōn possumus ūtī quibus Britannī ūtuntur.
7. inter Rōmānōs et Gallōs bellum gerēbatur.
8. num frāter tuus sapientissimus habētur?
9. cum patrī pāreat bonus puer habētur.
10. hī quibus cēdere vultis saepe victī sunt.

Answer 168.

1. nē victis hostibus cēdāmus.
2. vīdistīne eum ad castra arma ferentem?
3. rēx opibus nōn bene ūtitur.
4. cīvēs hūius cīvitātis Rōmānīs serviēbant.
5. eōs quī deīs pārent amīcōs patriae habēmus.
6. nōs quī multa bella gessimus nōn vōbīs cēdēmus.
7. pessimī cīvium rēgibus servīre volēbant.
8. quid Rōmae faciēs? potērisne cōnsulem vidēre?
9. est eī frāter quī cōnsul creābitur.
10. inter vestram patriam et nostram lātum mare est.

Answer 169.

1. pater ēius regnum obtinet quō per opēs potītus est.
2. cīvēs quōs vīcimus fame pereunt.
3. librō ūtāmur quem pater tuus mīsit.
4. nōlī mē sententiam rogāre.
5. quis sine sapientiā potest populum bene regere?
6. eī quī nōbīs iam pārent nōn audēbunt pugnāre.
7. fīliōs doceāmus tēlīs ūtī.
8. fame perīre melius est quam rēgī servīre.
9. ego et tū paucīs diēbus ad urbem redībimus.
10. quis Carthāgine morārī māvult quam Ītaliam vidēre?

Answer 170.

1. ad urbem redeāmus per hōs agrōs.
2. sine auxiliō sociōrum nōn poteris barbarōs vincere.
3. decem diēs Rōmae morātī iam ad Galliam redeunt.
4. urbem capiēmus et regnō potiēmur.
5. turpius est cēdere quam vincī.
6. sine patris auxiliō nōn poterat frātrem docēre.
7. vīdistīne exercitum ad castra redeuntem?
8. paucīs diēbus venient at captīvōs līberābunt.
9. cape hunc librum: bene eō ūtere.
10. audācissimī mīlitum perīre mālunt quam cēdere.

Answer 171.

1. cūr cīvēs fame pereunt? concilium convocēmus.
2. rēx cui pārēmus pessimus omnium hominum habētur.
3. tū et pater tuus decimō diē redībitis.
4. quīnta legiō cum eō ad castra redībat.
5. nōn ausī sumus ad patrem sine filiō redīre.
6. haec gēns numquam exercituī Rōmānō cesserat.
7. urbe quam oppugnābant potītī sunt.
8. magistrātuī pārēre quem ipsī creāvimus nōn turpe est.
9. semper sibi sapientissimus hominum vidēbātur.
10. cum cohors nōn redierit fame perībimus.

Answer 172.

1. librum quem mīsistī sorōrī meae dedī.
2. nōlite eōs adiuvāre quī urbem nostram dēlēvērunt.
3. cum trēs hōrās sub mūrō stetisset, omnia vīdit.
4. numerus mīlitum et nāvium augeātur.
5. dā mihi librum: nōn potēs eō ūtī.
6. cōpiae quās mīsistis ab hostibus dēlētae sunt.
7. numerum nāvium hōc annō auximus.
8. quis tibi librōs dedit quibus iam ūtēris?
9. frātremne cōnsiliō tuō adiuvistī?
10. illane pars urbis dēlēta est?

Answer 173.

1. nōnne barbarī ācerrime pugnābant?
2. ego et tū Caesarī cōnsilium dedimus.
3. nōnne frāter tuus optimē bellum gessit?
4. nōlīte eīs quī Rōmānīs pārent auxilium ferre.
5. nōnne sapientissimum eum putās?
6. quid mīlitī quī victōriam nūntiāvit dedistī?
7. deī eōs adiuvant quī omnia audent.
8. quod nōn vīdī, id nōn possum laudāre.
9. māvult vincī quam numerum nāvium augēre.
10. adiuvāte nōs, Rōmānī; cīvēs nostrī fame pereunt.

Answer 174.

1. eī quibus hoc cōnsilium dedistī redeunt.
2. cum cīvēs dēlēvisset regnō potītus est.
3. paucīs diēbus Cotta, dux exercitūs Rōmānī, veniet.
4. cum urbs dēlēta esset nōn poterant nōs adiuvāre.
5. ā magnīs cōpiīs Gallōrum in itinere oppugnātī sunt.
6. mīlitēs hortātus ad urbem rediit.
7. nihil grātius est quam amīcōs adiuvāre.
8. id quod mē docuistī ūtilissimum erit.
9. numerus cīvium Rōmānōrum iam auctus est.
10. frūmentum mīlitibus dedimus quī fame perībant.

Answer 175.

1. mīlitēs quī Labiēnō vēnerant hoc nōbīs dīxērunt.
2. Caesar cum omnī exercitū discessit.
3. frūmentum quod mīsistis nōn accēpērunt.
4. cum nihil nōbīs dīxerint ad cōnsulem eāmus.
5. hoc ab explōrātōribus cognōvimus quōs in agrōs mīsimus.
6. nōn in urbem quae ab Rōmānīs tenētur nōs recipiēmus.
7. obsidēsne accēpistis quōs mīsimus?
8. cōpiās nostrās cum exercitū Labiēnī coniungāmus.
9. ego et tū ad Ītaliam discēdēmus.
10. hoc per explōrātōrēs ab Caesare missōs cognitum est.

Answer 176.

1. nōlīte in patriam nostram vōs rēcipere: amīcī populī Rōmānī sumus.
2. multa dē Gallīs per explōrātōrēs cognōvimus.
3. cum multa bella fēlīciter gessisset sē recipere nōlēbat.
4. in urbem sē recēpērunt quam ab hostibus līberāverant.
5. Caesar ab hāc cīvitāte obsidēs nōn accēperat.
6. Rōmānī quī nōs oppugnābant discessērunt.
7. Labiēnus (cum) parvō praesidiō hunc locum tenēbat.
8. cum nōbīs frūmentum dedissent urbem eōrum nōlēbāmus dēlēre.
9. quis patrī tuō hoc dīxit? tenē culpāvit?
10. ab hōc locō ad mare iter fēcimus.

Answer 177.

1. ego et tū ad hunc locum nōs recipiēmus.
2. eōdem itinere ad hunc locum redibāmus.
3. multōs diēs Rōmae morātus discēdere volēbat.
4. eī in castra redeuntī victōriam nūntiāvimus.
5. cum hoc cōnsilium capiant discēdāmus.
6. ego et tū parvō praesidiō hunc locum tenēre poterimus.
7. multum cīvibus dedērunt quī fame pereunt.
8. cum sociī nōn vēnerint Caesar castra mōvit.
9. nōn possumus ab eō quī urbem dēlēvit cōnsilium accipere.
10. ad flūmen quod inter urbem et castra est nōs recipiāmus.

Answer 178.

1. cīvibus parcēmus cum frūmentum nōbīs dederint.
2. hostēs quōs oppugnāverāmus pepulimus.
3. nōlīte ad castra fūgēre: sociī veniunt.
4. captīvōs in urbe relinquāmus.
5. oppidum quod Gallī oppugnābant cīvēs dēfendēbant.
6. omnia tēlōrum genera mīlitibus Rōmānīs nōta erant.
7. mōs erat Rōmānōrum victīs hostibus parcere.
8. exercitum quem mīsimus pepulērunt.
9. haec loca per explōrātōrēs nōbīs nōta sunt.
10. sociīs crēdimus quī semper nōs adiūvērunt.

Answer 179.

1. nōnne cōpiae quās mīsimus pulsae sunt?
2. nōlī ad urbem redīre ex quā discessistī.
3. cūr fugiunt? castra nōn capta sunt.
4. ego et tū semper victīs pepercimus.
5. hoc per explōrātōrēs ab imperātōre cognitum est.
6. mihi crēdidit: cūr tibi nōn crēdit?
7. captīvī quī in urbe relictī sunt miserrimī videntur.
8. fugientēs mīlitēs in castra accēpimus.
9. oppidum quod oppugnāmus nōn possunt dēfendere.
10. cum imperātōre rediisset nōn fugere audēbāmus.

Answer 180.

1. ante noctem redeāmus: iter difficillimum est.
2. gravissima tēla in castrīs relīquērunt.
3. cum ā cōnsule vēnisset eī crēdidimus.
4. haec loca hostibus quōs oppugnāmus nōta sunt.
5. cum vōcem imperātōris audīre possēmus, nōn fugere
   audēbāmus.
6. Caesar ante quīntam hōram dieī castra movēbit.
7. urbs capta est: hostēs fugiunt.
8. in urbe relictus nōn poterat arma ferre.
9. turpe est fugientī hostī nōn parcere.
10. cum hoc dīcās redīre volumus.

Answer 181.

1. hostēs exercitum Rōmānum sequēbantur.
2. paucīs hōrīs proficīscēmur.
3. complūrēs diēs agmen nostrum īnsecūtī ad urbem suam rediērunt.
4. cum eō profectī nōn poterāmus eum relinquere.
5. Rōmānī propter virtūtem ab omnibus laudātī sunt.
6. melius est morī quam ab hostibus capī.
7. in hāc urbe hominēs fame moriuntur.
8. hostēs faciliōre itinere sequuntur.
9. nōlī hoc illīs dīcere: iam id sciunt.
10. in itinere equitēs eōrum redeuntēs vīdimus.

Answer 182.

1. multa illō diē ab cīvibus facta sunt.
2. frāter ēius et soror Rōmae mortuī sunt.
3. complūrēs mīlitum in castrīs relictī sunt.
4. ego et tū tribus diēbus Rōmam proficīscēmur.
5. legiō quae ad nōs missa est discessit.
6. post pugnam Caesar castra mōvit.
7. complūrēs diēs secūtī ad flūmen vēnimus.
8. exercitus cum imperātōre quem creāvimus profectus est.
9. Gallī agmen nostrum complūrēs diēs sequentur.
10. cum sagittā vulnerātus sit paucīs hōrīs moriētur.

Answer 183.

1. in oppidō relictī captīvī fame mortuī sunt.
2. nostrī in hostēs sē recipientēs impetum fēcērunt.
3. nihil turpius esse potest quam morientem vulnerāre.
4. mīlitibus quī nōs sequuntur nōn parcēmus.
5. tū et frāter tuus hostēs fugientēs nōn secūtī estis.
6. num eī quī hoc dīxit crēdis?
7. complūrēs Gallōrum in castra pepulimus.
8. nōnne semper nōs Rōmānī victīs hostibus parcimus?
9. facillimum erit eōs īnsequī sē recipientēs.
10. mīlitēs quī iam proficīscuntur sequēmur.

Answer 184.

1. nautae Rōmānī nāvēs suās relinquere nōluērunt.
2. hōc sermōne metus cīvium auctus est.
3. multae arborēs et pulcherrimī flōrēs in hōc locī erant.
4. ossa mīlitum vīdimus quī in illō bellō necātī sunt.
5. audācia ōra hostium nostrōs terruērunt.
6. hae lintrēs quam Gallōrum minōrēs sunt.
7. nōn audēbitis tantam multitūdinem īnsequī.
8. in perturbātōs ōrdinēs Rōmānōrum impetum faciāmus.
9. quiēs mīlitibus ab imperātōre data est.
10. Caesar hāc ōratiōne mīlitēs hortātus est.

Answer 185.

1. mīlitēs ab cīvitāte hanc mercēdem accipient.
2. multae lintrēs nāvēs nostrās sequēbantur.
3. pēs equī sagittā vulnerātus erat.
4. sermō tuus ab imperātōre audītus erat.
5. mīlitibus quī nocte profectī erant quiēs erat grāta.
6. post hanc ōrātiōnem nōlēbant eī parcere.
7. ōs ēius iaculō vulnerātum erat.
8. eīs quī oppidum dēfendērunt mercēs data est.
9. hī nautae nōbīs paucās lintrēs dedērunt.
10. nōnne hanc arborem et hōs flōrēs vīdistī.

Answer 186.

1. cui mercēdem dedistī?
2. nōlī hanc multitūdinem cīvium sequī.
3. haec arbor in agrō ā patre meō relicta est.
4. perturbātī ōrdinēs hostium nōn poterant impetum
    nostrum sustinēre.
5. ōrātiō mea facillime ab omnibus audīta est.
6. nē eīs mercēdem dēmus quam nōn audēbunt accipere.
7. multō labōre omnēs possumus opibus potīrī.
8. nōn poterāmus ōra nautārum vidēre.
9. quid eī quī labōrem nostrum auxit dīxistī?
10. omnēs quī ōrātiōnem tuam audīvērunt eam laudābant.

Answer 187.

1. illa aestāte magnam clādem in Ītaliā accēpimus.
2. salūtem tuam neglegere nōn ausī sumus.
3. paucae lintrēs classem nostram sequēbantur.
4. hic mōns ā peditibus nostrīs occupātus est.
5. haec lēx semper in cīvitāte nostrā neglēcta est.
6. magnum exercitum in fīnēs vestrōs dūcēmus.
7. hāc hieme multī in urbe fame morientur.
8. trēs diēs classem nostram secūtī Athēnās nāvigāvērunt.
9. in hāc valle plūrimae sunt arborēs et pulcherrimī flōrēs.
10. pōns multō labōre ā mīlitibus factus est.

Answer 188.

1. nē hanc pācem accipiāmus, cīvēs.
2. multī in hāc valle sunt gregēs.
3. quis audēbit hanc clādem rēgī nūntiāre?
4. nōlīte salūtem nostram neglegere: fame morimur.
5. hāc fraude magnā mercēde potītus est.
6. exercitus noster magnam clādem accēpit: urbem dēfendāmus.
7. illā aestāte Rōmā profectus in fīnēs nostrōs contendit.
8. eīs quī classem nostram servāverant haec mercēs data est.
9. gregēs tuī ab omnibus quī eōs vīderant laudātī sunt.
10. in hōc colle aciem hostium instructam vīdimus.

Answer 189.

1. illā hieme cīvēs fame perībant.
2. hāc pāce urbs servāta est.
3. nōn audēbāmus ex eō monte discēdere prope quem castra posuerāmus.
4. hāc fraude magnā mercēde potītus est.
5. cum hanc clādem accēperīmus nē Rōmam redeāmus.
6. ex castrīs profectī ad hunc montem vēnimus.
7. in hōc colle multae sunt arborēs sub quibus nōs cēlāre poterimus.
8. hae lēgēs cīvitātī nostrae ūtilissimae erunt.
9. facillimum erit hāc fraude opibus potīrī.
10. hic mons ā mīlitibus quōs mīserāmus occupātus erat.

Answer 190.

1. in hāc terrā nōn multa animālia vīdimus.
2. haec rētia nautīs ūtilissima erunt.
3. cōnstituimus in hōc portū parvam classem relinquere.
4. poēma tuum ab omnibus amīcīs tuīs laudābitur.
5. genua hōrum animālium minima sunt.
6. parva manus mīlitum ad hunc collem profecta est.
7. nōmen tuum ab hostibus cīvitātis nostrae timētur.
8. fulgura barbarōs quibuscum pugnābāmus terruērunt.
9. haec calcāria in castrīs ab equitibus rēlicta sunt.
10. frūmentum et lac ab hīs barbarīs accēpimus.

Answer 191.

1. nē corpora eōrum quī prō patriā mortuī sunt in nāvibus.
2. haec domus ab Rōmānīs quī patrēs nostrōs vīcērunt aedificāta est.
3. caput ēius sagittā vulnerātum est.
4. sub hāc quercū stat domus in quā litterās mē docuistī.
5. in hīs silvīs multa animālia vīdimus.
6. ā quō nōmen imperātōris cognōvistī?
7. in hāc valle parva domus stetit et paucae arborēs.
8. Caesar cōnstituit hunc montem ante noctem occupāre.
9. parva manus Rōmānōrum contrā magnam Gallōrum multitūdinem pugnābat.
10. cōnstituimus inter flūmen et hunc collem castra ponere.

Answer 192.

1. nōnne parva manus nostrōrum magnam hostium multitūdinem pepulit?
2. haec domus prope montem stat ad quem venīmus.
3. haec mercēs cōnsulī quī urbem nostram dēfendit data est.
4. hostēs vīcimus: nāvēs ad portum redeunt.
5. sub hōc colle vallis est in quā multōs flōrēs et arborēs vīdimus.
6. ōs ēius mihi nōtum est: nōmen nōn poteram cognōscere.
7. haec animālia parvōs pedēs, magna capita habent.
8. ab hostibus pulsī nōn ausī sunt Rōmam redīre.
9. Caesar in hāc vlle castra pōnere nōn audēbat.
10. ille portus nōn multās nāvēs capiet.

LATIN–ENGLISH EXERCISES

Answer I.

1. He (she) will love *or* will be loving.
2. He (she) works *or* is working.
3. They love *or* are loving.
4. I shall hasten *or* shall be hastening.
5. We shall fight *or* shall be fighting.
6. He (she) hastens *or* is hastening.
7. They will love *or* will be loving.
8. He (she) will hasten *or* will be hastening.
9. You will fight *or* will be fighting.
10. You work *or* are working.

Answer II.

1. He (she) will wander or will be wandering.
2. He (she) loved.
3. We fought.
4. I worked.
5. They wandered.
6. They will fight or will be fighting.
7. You hastened.
8. You wandered.
9. We hastened.
10. You loved.

Answer III.

1. He (she) was hastening.
2. I worked.
3. They were fighting.
4. He (she) hastened.
5. I was wandering.
6. We were loving.
7. You will hasten *or* will be hastening.
8. We were wandering.
9. They worked.
10. You were fighting.

Answer IV.

1. He (she) had fought.
2. We had hastened.
3. We hastened *or* have hastened.
4. He (she) will sail *or* will be sailing.
5. He (she) worked *or* has worked.
6. He (she) had worked.
7. I had fought.
8. You had sailed.
9. You hastened *or* have hastened.
10. You had fought.

Answer V.

1. We shall have hastened.
2. We had hastened.
3. You will have wandered.
4. He (she) sailed *or* has sailed.
5. He (she) will have sailed.
6. I fought *or* have fought.
7. You wandered *or* have wandered.
8. We had sailed.
9. We fought *or* have fought.
10. We shall have fought.

Answer VI.

1. I shall have attacked the Belgians.
2. The Belgians (have) attacked (our) forces.
3. The Belgians will love their country.
4. You had reported the battle.
5. Cotta will have reported the victory.
6. The Belgians were reporting the battle.
7. Cotta was hastening.
8. Cotta is attacking the Belgians.
9. The Belgians love their country.
10. The Belgians will have attacked Cotta.

Answer VII.

1. You will attack the forces of the Belgians.
2. The Belgians loved victory.
3. We had attacked the forces of the Belgians.
4. The Belgians (have) wounded Cotta with an arrow.
5. He had attacked the forces of the Belgians.
6. They had wounded the Belgians with arrows.
7. He will report the victory of the Belgians.
8. He (has) reported the victory to the Belgians.
9. The Belgians (have) saved their country by wisdom.
10. We shall report the victory to the Belgians.

Answer VIII.

1. The barbarians love their country.
2. The barbarians do not like Marcus.
3. They had wounded Labienus with an arrow.
4. Labienus does not like the barbarians.
5. The Romans loved Labienus.
6. The Romans and the barbarians will flight.
7. The Romans will have overcome the barbarians.
8. They wound the horses of the barbarians with arrows.
9. The Romans defeat (are defeating) the barbarians.
10. They will report the victory of the Romans.

Answer IX.

1. The barbarians will avoid the danger.
2. They will wound the Romans with (their) weapons.
3. We overcame (have overcome) the barbarians by stratagem.
4. The Romans were preparing war.
5. You (have) wounded the horse with (your) weapon.
6. Labienus (has) attacked the town.
7. He (has) saved the camp by stratagem.
8. The Romans will defeat the barbarians by stratagem.
9. The barbarians (have) attacked the camp.
10. The barbarians were preparing war.

Answer X.

1. You (have) wounded the boy with a weapon.
2. The boys were avoiding the weapons of the barbarians.
3. You had laid waste the fields of the Gauls.
4. He had wounded the boy's horse with an arrow.
5. The Gauls were laying waste the fields of the Romans.
6. The Gauls will avoid the dangers of war.
7. You will not defeat the Gauls, Labienus.
8. Our men had attacked the towns of the Gauls.
9. The boys loved Labienus.
10. Boys love their country.

Answer XI.

1. Great dangers frighten little boys.
2. Boys fear great dangers.
3. The Belgians had not great wisdom.
4. Boys like good horses.
5. You will have avoided, Labienus, the great dangers of war.
6. Good men do not love battles.
7. The little boys were wandering.
8. Our men had not large arrows.
9. I fear the risks of war.
10. The Gauls had small towns.

Answer XII.

1. They (have) terrified the wretched prisoners.
2. He will not have feared great dangers.
3. The barbarians are frightening the unhappy boys.
4. He was laying waste the fields of the wretched Gauls.
5. Our men had terrified the barbarians.
6. The Gauls had beautiful towns.
7. Our men had large shields.
8. The Belgians had terrified our men with their arrows.
9. The horses were afraid of the weapons of the Gauls.
10. The unhappy boys are working.

Answer XIII.

1. Labienus was leading the forces of the Romans.
2. You will rule many beautiful lands.
3. He (has) neglected the plans of Cotta.
4. He (has) avoided the many risks of war.
5. The unhappy captives had not arms.
6. He does not neglect the advice of good men.
7. He will lead small forces of the barbarians.
8. Little boys do not have arms.
9. He overcame (has overcome) great dangers by great wisdom.
10. He had laid waste many towns of the Gauls.

Answer XIV.

1. The general had led the Roman forces into the camp.
2. He will have led the Roman soldiers into the town.
3. They (have) reported the victory of the Romans to the general.
4. The Roman soldiers were preparing their arms.
5. He will have ruled his country by good advice.
6. We shall report the general's victory to the soldiers.
7. The Roman cavalry (have) defeated the barbarians.
8. He had not neglected the general's advice.
9. They will lead the cavalry into the camp.
10. The leader (has) saved the soldiers by stratagem.

Answer XV.

1. The general heard the soldiers' shouts.
2. The Romans are fortifying the town with a rampart.
3. He will hear the loud cries of the citizens.
4. Labienus led the cavalry against the rampart.
5. The Belgians were fortifying the camp with ramparts.
6. The Romans heard the cries of the unhappy citizens.
7. We attacked the enemy's camp with our weapons.
8. The unhappy boys heard the shouts of the barbarians.
9. The enemy (have) fortified the towns with ramparts.
10. The leaders of the barbarians will attack the Roman camp.

Answer XVI.

1. We shall not fear the huge forces of the barbarians.
2. The Gauls had fortified all their towns.
3. All had heard the shouts of the enemy.
4. They will have fortified all the towns with ramparts.
5. The Gauls (have) fortified the town with a huge rampart.
6. You will have heard the cries of the unhappy citizens.
7. The cavalry will attack the huge forces of the Gauls.
8. You had heard the loud cries of the soldiers.
9. The general will lead all the forces into the city.
10. All the barbarians had huge arms.

Answer XVII.

1. The general is loved by the Roman soldiers.
2. The town was (has been) attacked by the cavalry.
3. The victory was (has been) reported to the leader by boys.
4. The Gauls will be defeated by the Roman forces.
5. Few heard the cry of the prisoner.
6. All barbarians fear the Roman general.
7. Many victories will be announced to the Romans.
8. You will be wounded by the weapons of the Gauls.
9. Many burdens were being carried by the prisoners.
10. He had led a few horsemen into the town.

Answer XVIII.

1. Many citizens will have been wounded by the barbarians' weapons.
2. All the towns of the Gauls had been laid waste.
3. The victory will have been reported by the cavalry.
4. We had been saved by the general's stratagem.
5. The wretched prisoners were carrying huge burdens.
6. The city had been saved by the cries of the boys.
7. The infantry attacked the town with their weapons.
8. The general will lead large forces of infantry into the city.
9. All dangers had been avoided by the cavalry.
10. A good leader is not afraid of the shouts of the enemy.

Answer XIX.

1. The great forces of the barbarians are not feared by our men.
2. Our men will not be frightened by the enemy's shouts.
3. You are not frightened by the dangers of war.
4. The city was being held by Labienus.
5. Part of the soldiers had already seized the city.
6. The Roman people are (is) feared.
7. Part of the enemy we frightened, part we defeated.
8. The general had already led the soldiers into the camp.
9. The town will be held by our men.
10. The barbarians were terrified by the weapons of our men.

Answer XX.

1. The boy will have been advised by his father.
2. We overcame the barbarians by land and by sea.
3. The son and the father were hastening into the camp.
4. You will not have been frightened, my son, by the dangers of war.
5. Labienus had been warned by the general.
6. The Gauls were being overcome by land and by sea.
7. Part of the infantry was holding the city.
8. Our men were carrying great burdens.
9. The infantry had not been frightened by the danger.
10. They will not have been terrified by the Roman people.

Answer XXI.

1. The Roman army was withstanding the enemy's attack.
2. The land is being ruled by the counsels of the gods.
3. The prisoners will be led into the town.
4. The citizens withstood the onset of the enemy.
5. Many cities are ruled by the Romans.
6. Roman armies were often led against the barbarians.
7. The Roman general withstood many charges of the Gauls.
8. You will be led against the Romans by land and sea.
9. The leader was loved by the whole army.
10. The son is ruled by his father's advice.

Answer XXII.

1. The general drew up the infantry on the right wing.
2. The armies had already been drawn up.
3. The right wing was being held by Labienus.
4. Part of the cavalry has already been drawn up.
5. Many cities feared the Roman armies.
6. Labienus was feared by the whole army.
7. We shall not be terrified by the enemy's onset.
8. The cavalry had been led back into the camp.
9. The army will have been drawn up by the general.
10. Part of the infantry had been led into the city.

Answer XXIII.

1. The shout of the citizens was heard by the king.
2. The town will be fortified by a rampart.
3. The cries of the enemy are being heard by our men.
4. You will not be heard by the Roman soldiers.
5. The boy's cries were being heard by his father.
6. The city will be fortified with many towers.
7. The king had drawn up the cavalry on the right wing.
8. The voices of the soldiers were being heard by the citizens.
9. Many towers have been (were) built by barbarians.
10. The voices of the unhappy citizens will not be heard by the king.

Answer XXIV.

1. The general drew up the battle line opposite the city.
2. The army was being hindered by many things.
3. The city has been fortified with a wall and a rampart.
4. The line of the enemy was drawn up opposite our men.
5. The boy's shouts had been heard by all.
6. Our men were being terrified by many things.
7. The city had been fortified with great walls.
8. The general's voice will have been heard by all.
9. The Belgians attacked the line of the Romans with their weapons.
10. Part of the city will have been fortified with a rampart.

Answer XXV.

1. The forces of the Gauls were immense.
2. Romans will never fear the enemy.
3. Great was the wisdom of the general.
4. The enemy's towers were small, their walls great.
5. The risks of the war will be great.
6. A Roman army had never been in Gaul.
7. There is a large number of prisoners.
8. We were all in the camp.
9. Barbarians are not always daring.
10. Great will have been the victory of our men.

Answer XXVI.

1. The tower was higher than the wall.
2. The rivers of Gaul are very broad.
3. They were overcoming the barbarians by a most fierce attack.
4. The cavalry were braver than the infantry.
5. Nothing is more serious than the danger of war.
6. The burdens of the citizens are very heavy.
7. The barbarians were not braver than the Romans.
8. The plans of the leader were most daring.
9. The enemy's forces will be more huge than those of the Romans.
10. The city had been fortified with a very high wall.

Answer XXVII.

1. The advice of Cotta was better than that of the general.
2. It will be a very easy thing for the cavalry.
3. Their shields were most useful to the Gauls.
4. The camp of the barbarians was smaller than that of the Romans.
5. Nothing is better than wisdom.
6. Very many (most) of the barbarians had no horses.
7. The greatest plans are often hindered by very little things.
8. Our men fought with less courage.
9. Arms are most useful in war.
10. Boys love very easy things.

Answer XXVIII.

1. Our city was saved by the cavalry.
2. Your cries were being heard by the king.
3. We all love our general.
4. The horsemen were hiding themselves in the woods.
5. Soldiers reported the victory to me.
6. The enemy's leader wounded me with an arrow.
7. His father had often warned him.
8. We shall fortify our city with a rampart and a wall.
9. My father will prevent you.
10. They will announce to you the victory of the cavalry.

Answer XXIX.

1. This burden is heavier than that.
2. They saved this city by their own valour.
3. Nothing is more beautiful than that city.
4. We shall not fear you, Labienus.
5. These burdens were being carried easily by the soldiers.
6. That advice will have been most useful.
7. This land will never be ruled by barbarians.
8. The general had led these men back into the camp.
9. Those men will not neglect this.
10. The walls of this city are very high.

Answer XXX.

1. In the same city were both cavalry and infantry.
2. War was feared by the general himself.
3. He himself had never attacked a larger army.
4. The city itself had been neglected by the soldiers.
5. In the same man were valour and wisdom.
6. These things were being reported to me by the same man.
7. The same leader saved his country.
8. War itself is not feared by our men.
9. The same thing will be reported to you by the soldiers.
10. The general himself praised the soldiers.

Answer XXXI.

1. Our country, which we all love, will never be ruled by barbarians.
2. The cavalry, which he concealed in a wood, was overcome.
3. The burdens which the soldiers were carrying were very heavy.
4. The soldier who reported the victory was praised.
5. The dangers which we have avoided were very serious.
6. The advice that you gave was very useful.
7. You love your king who overcame the barbarians.
8. That which you fear does not frighten us.
9. The camp which we were attacking was larger than our own.
10. Those things which you have neglected we shall not neglect.

Answer XXXII.

1. The city in which the prisoners were had been well fortified.
2. The Gauls whose valour you praised defeated us.
3. The general whose horse was wounded led his men back.
4. All praised the customs of the Romans.
5. He emboldened the hearts of the soldiers by his arrival.
6. The infantry, whose weapons were wounding us, were placed on the right wing.
7. The enemy by whom we were defeated are laying waste our fields.
8. We do not fear the dangers by which you were being frightened.
9. The Belgians whose attack we were withstanding were feared by all.
10. The customs of men are not always ruled by wisdom.

Answer XXXIII.

1. Three legions were sent into Gaul.
2. Five cohorts were remaining in the camp.
3. He had drawn up four cohorts on the right wing.
4. The citizens were terrified by the arrival of the legions.
5. One legion had laid waste the fields of the Gauls.
6. The city, which we were attacking, had three towers.
7. Six cohorts were placed in the town.
8. They marched from Gaul into Italy.
9. All the cavalry remained in the woods.
10. Caesar sent two legions against the Belgians.

Answer XXXIV.

1. He sailed from Rhodes to Rome with ten ships.
2. All the legions were hastening to Athens.
3. Nothing is more useful at Athens than wisdom.
4. At Rome virtue is praised by all.
5. All the prisoners were sent to Carthage.
6. We shall send three legions to Athens.
7. The citizens themselves saved their own city.
8. They will sail with four ships to Athens.
9. At Rome all were frightened by the arrival of the enemy.
10. At Cádiz our men were fighting bravely with the enemy.

Answer XXXV.

1. On the fifth day the city was attacked by the enemy.
2. The tenth legion was praised by Caesar.
3. This year the Romans sent forces into Gaul.
4. For three hours our men fought bravely with the barbarians.
5. On the same day the king announced the victory to the citizens.
6. My father was at Rome for many years.
7. We remained at Carthage for four years.
8. All the prisoners were set free on that day.
9. Our men withstood the attack of the enemy for six hours.
10. They carried very heavy burdens for many hours.

Answer XXXVI.

1. Fight bravely, soldiers: defeat the forces of the enemy.
2. Sail to Italy with all the ships.
3. Announce this battle to the general.
4. Prepare war, citizens: there is great danger.
5. Warn your son: he neglects my advice.
6. Draw up the tenth legion opposite the town.
7. Hear your father's voice: he is always warning you.
8. Hide the arms: the king is in the city.
9. Praise the gods, citizens: the enemy has been defeated.
10. Remain at Rome: we will hasten into Gaul.

Answer XXXVII.

1. Be advised by me: avoid war.
2. Our men fought most bravely with the enemy.
3. Be guided by my advice: great is the number of the enemy.
4. Our men fought more fiercely than the Gauls.
5. With ten soldiers he withstood the attack of the enemy.
6. The third legion very easily defeated the forces of the enemy.
7. Be praised by all: nothing is more pleasant than praise.
8. This nation has never been defeated by the Romans.
9. Love all: be loved by all.
10. The affair was known to few soldiers.

Answer XXXVIII.

1. Caesar's plan will be very useful to the state.
2. Nothing will be more pleasing to us than to conduct the campaign.
3. It will be useful to us to have been at Rome.
4. It is easy to conquer a small number of the enemy.
5. It is a most splendid thing to fight for one's country.
6. It is a bad thing to praise all men.
7. It will be useful to have fortified the city with walls and ramparts.
8. It is a splendid thing to have often conquered the enemy.
9. It was the custom of the Romans never to avoid dangers.
10. The hearts of the soldiers were emboldened by your arrival.

Answer XXXIX.

1. It is a good thing to be praised and loved by good men.
2. It was always our custom not to be terrified by the enemy.
3. It is useful for a state to be ruled by a good king.
4. It will be difficult to be heard by so large a number of citizens.
5. It is easy to be praised by the bad.
6. The leader set free the hostages who we had sent.
7. This thing, which is already known to a few, will embolden the soldiers' hearts.
8. It will be disgraceful to us to be conquered by a few foot-soldiers.
9. It is a great thing never to have been thrown into confusion by the enemy.
10. It was very useful to the soldiers to have fought with so great an enemy.

Answer XL.

1. The enemy attacked the legion as it was hastening to the city.
2. He was about to set free the wretched captives.
3. They conquered the Romans as they were sailing to Carthage.
4. We prevented the barbarians as they were preparing for war.
5. You heard the boy announcing a victory.
6. We shall not fear the enemy when they prepare for war.
7. While fighting very bravely he was killed by the Gauls.
8. The soldiers while fortifying the camp were attacked by the enemy.
9. He was about to remain at Rome for many days.
10. Our men will not fear the barbarians when they make war.

Answer XLI.

1. We overcame the line of the enemy when it was thrown into confusion by the arrival of the cavalry.
2. We shall kill the men who have been condemned.
3. We attacked the city which was fortified by walls.
4. He praised the soldiers and led them back into camp.
5. He leads out of the battle the horse which had been wounded by a weapon.
6. They ran through fields which had been laid waste by the enemy.
7. He was about to attack a tower which had been seen by the soldiers.
8. We attacked the enemy when they were hindered by very heavy burdens.
9. You will not again see the soldiers who have been sent to the war.
10. We shall not be greatly frightened by the arrival of these men.

Answer XLII.

1. Let us attack the enemy, let us lay waste the fields.
2. Let us praise the soldiers who saved the city.
3. Since the Gauls are preparing for war, let us prepare for war ourselves.
4. Since they are allies, we will send an army.
5. Since they had fought bravely they were praised by all.
6. Since we have no soldiers we shall not make war.
7. Let us not fear the large numbers of the enemy.
8. Let all men praise the valour of our fathers.
9. Let us bravely resist the enemy's attack.
10. Let us build larger ships.

Answer XLIII.

1. Let us conquer the enemy who are conducting a campaign against us.
2. Do not fear these men whom you have often conquered.
3. Let us hear our general's words.
4. Do not neglect your father's advice.
5. Since they have sent corn, we will not lay waste their fields.
6. Since they have fought for many hours, they will be led back into camp.
7. The citizens were afraid since they heard the shouts of the barbarians.
8. Our men were praised by the general, since they had conquered the enemy.
9. The Gauls did not fear our attacks, since they had fortified the city with a wall.
10. Let us not neglect the wounded soldiers.

Answer XLIV.

1. Let us not be overcome now by the same enemies.
2. The Gauls were not preparing for war, since they had been terrified by Caesar's arrival.
3. Since the city had not been attacked the citizens were safe.
4. Since the soldiers' hearts had been emboldened by his arrival, we conquered.
5. Let our country be saved by the valour of the citizens.
6. Let us not be frightened by the dangers of war.
7. Since the general has praised him, we will not blame him.
8. He led back the soldiers since they were thrown into confusion by the arrival of the enemy.
9. Since our fields were being laid waste, we had no corn.
10. Let us not summon a meeting of the allies.

Answer XLV.

1. Let help be quickly sent to our allies.
2. Since the city has been fortified by walls, we do not fear the danger.
3. The general led his men from the camp, since the cries of the barbarians were now heard.
4. The ninth legion hastened very quickly to the city.
5. Let the cavalry be drawn up on the right wing.
6. Since my advice has been neglected I shall not advise you again.
7. Since the Gauls were hindered by the river they were defeated by the Romans.
8. Let the city be fortified with ramparts and towers.
9. For five hours our allies withstood the attack of the enemy.
10. Let not the general be prevented by the words of the citizens.

Answer XLVI.

1. Having encouraged the soldiers he hastened to the city.
2. The Gauls do not use these weapons in war.
3. He encouraged the citizens in many meetings.
4. We stayed in this city a few days.
5. Caesar, having encouraged the soldiers, emboldened their hearts for battle.
6. Since we have delayed three days in this land, let us now hasten into Italy.
7. We shall use these weapons in all wars.
8. Let us not stay many hours at Rome.
9. It was the custom of the general to encourage the soldiers before a battle.
10. Having stayed five days in this land we saw many men, many cities.

Answer XLVII.

1. He took the city which was fortified by a high rampart.
2. Let us do what the general advises.
3. They fiercely made an attack on our men.
4. Our cavalry have been captured by the enemy.
5. They were making war in our territories.
6. All will praise what you are doing.
7. Let us march quickly into Italy.
8. The Gauls made an attack on the Romans' line of battle.
9. Since he has been blamed by the general he will not do the same thing again.
10. We shall take the town by our valour.

Answer XLVIII.

1. The soldiers could not near their general's voice.
2. Being prevented by the river they will not be able to march.
3. He wishes to stay a few days in the camp.
4. We wish to do what you advise.
5. They will all do what you wish.
6. We wished to send corn to the camp.
7. The citizens will wish to fortify the city with walls.
8. We wish to use the customs of our fathers.
9. We cannot praise the plan which you have adopted.
10. Those who were in the city could not avoid danger.

Answer XLIX.

1. They were unwilling to kill the condemned men.
2. I would rather fight than stay in the city.
3. They preferred to use their own weapons rather than yours.
4. They were unwilling to attack the city which was fortified by high walls.
5. They will prefer to conquer by courage rather than by stratagem.
6. Since they were unwilling to kill the hostages they set them free.
7. Do not send help to our enemies.
8. Since they preferred to stay at Rome rather than to conduct a campaign they were blamed by all.
9. You would rather be blamed by this man than praised by that one.
10. Our men wished to attack the enemy when they were thrown into confusion.

Answer L.

1. We wish to endure all the dangers of war.
2. He could not go to the city with me.
3. He will wish to go very quickly from Athens to Rome.
4. He was going through the fields of the Gauls with a large army.
5. Since he was willing to endure everything, he was praised by the general himself.
6. He decided to march into their territory with a few cavalry.
7. They will be able to endure greater dangers than these.
8. Since he was conducting a campaign, he could not go to the city.
9. Since I was in Italy, I saw soldiers going to war.
10. We have endured nothing more serious than this.

Answer LI.

1. Caesar was considered a very brave general.
2. The citizens are now becoming wiser.
3. The plan seemed safe to all.
4. To me you seem a distinguished soldier.
5. Nothing seems worse than this plan.
6. You will become a great general in a few years.
7. Since you have conquered the Gauls, you are considered very fortunate.
8. On that day nothing was done by the enemy.
9. We cannot all become distinguished.
10. The man seemed braver than the general himself.

Answer LII.

1. The Roman people elected Caesar consul.
2. We shall always think him a remarkable man.
3. Having dared to make war in Gaul he conquered many nations.
4. The citizens were unwilling to name him king.
5. He was elected consul by the Roman people.
6. Since he has saved the state by his valour they will not dare to condemn him.
7. He seemed to all a very good magistrate.
8. The people elected as consuls the men who had freed their country.
9. Since the danger is serious, let us dare everything.
10. Do not think all men very base.

Answer LIII.

1. Did he not wage war in Gaul for many years?
2. Can you take the city in four days?
3. Is it disgraceful to dare everything for one's country?
4. The king has always been considered the friend of the Roman people.
5. Will not the victory of the army be welcome to the citizens?
6. Will the boy be able to carry the heavy burden?
7. Is not this river broader than that one?
8. Who called this meeting?
9. Why are you disturbed by the numbers of the enemy, soldiers?
10. By whom were our fields laid waste?

Answer LIV.

1. Cotta, a very brave man, led Roman legions against the Belgians.
2. Since the cries of the citizens had been heard, we brought help.
3. By his great valour and wealth he seized the chief power.
4. The father and mother advised their son.
5. Cotta, the consul of the Roman people, will come to the city.
6. Caesar and Cotta conducted many campaigns.
7. You and I will adopt this plan.
8. Caesar, a most wise man, was unwilling to seize the sovereignty.
9. You and Labienus will be easily able to overcome the enemy.
10. It was the custom of the Romans to bear aid to their allies.

Answer LV.

1. The Gauls gave me much information about their affairs.
2. Since he is a friend of the Roman people we will ask him his opinion.
3. Since he was the wisest of all men he used to teach the king's son.
4. Do not ask me my opinion.
5. This city will seem to you the most beautiful of all.
6. The greatest part of the citizens was unwilling to wage war.
7. Do what I ask: you cannot adopt a better plan.
8. Having advised his men he led them against the Britons.
9. Who taught you that?
10. It was the boy's custom to ask his father many questions.

Answer LVI.

1. Both his brother and sister stayed in the city.
2. Let us not be subject to kings, citizens.
3. There was between the city and our camp a very broad river.
4. The soldiers always obeyed the general.
5. Since we have never yielded to an enemy, we shall not yield to you.
6. Obey your father: do not come with us.
7. That man had a brother and a sister.
8. We Romans will never be subject to a king.
9. It will be better to be killed than to obey the Romans.
10. Your brother gave us much information about Roman matters.

Answer LVII.

1. The wretched citizens were perishing of hunger.
2. The boy uses the books which his father sent him.
3. Since they have been conquered by the legions, they will not gain possession of our city.
4. Our men will not be able to conquer the enemy without courage.
5. The boy, whom I taught his letters, used this book.
6. All who came with us perished of hunger.
7. Conquered by the Gauls they were returning to the camp.
8. You will not be able to obtain the sovereignty of the Gauls without valour.
9. The citizens, conquered by hunger, wished to yield to the enemy.
10. We praise all boys who obey their fathers.

Answer LVIII.

1. I will give you this book which I see.
2. The general was standing under a high tower.
3. Let us help the conquered citizens: let us not delay.
4. This city was destroyed by the enemy in the tenth year.
5. The arrival of Caesar greatly increased the fear of the enemy.
6. The army went beneath the wall of the city.
7. The Gauls destroyed this city.
8. Let us not increase the fear of the citizens by these words.
9. We will all obey you who helped our fathers.
10. This king increased the number of the cavalry.

Answer LIX.

1. Having encouraged the citizens Caesar departed into Italy.
2. What did he say? I did not hear.
3. Caesar had joined these cohorts with the army.
4. Caesar had ascertained these things through scouts.
5. After the sixth hour our men could not withstand the enemy's attack.
6. We have not received the hostages which they were about to send.
7. He is capable of obtaining victory but not of using it.
8. Being conquered by the enemy he retired into the camp.
9. This place was held by Labienus with a garrison.
10. Caesar moved his camp from this place.

Answer LX.

1. Caesar placed his camp near this river.
2. Let us spare the conquered enemy.
3. They drove our men from this place into the city.
4. By our valour we will defend our country which was saved by our fathers.
5. They left the hostages and captives in the camp.
6. The Britons always employ this kind of weapons.
7. After three hours we pitched our camp in this place.
8. Routed by the Gauls we fled to the camp.
9. They ascertained this from the soldiers as they were returning from the camp.
10. We saw the Romans flying into the camp.

Answer LXI.

1. This man was elected magistrate on account of his wisdom.
2. Since we knew this, we dared not retreat.
3. Having set out from the city we marched through the territory of our allies.
4. The enemy pursued our line of battle.
5. It is better to die for one's country than to be conquered.
6. I will be your leader: follow me.
7. We are unwilling to set out without a general.
8. You will not be able to return by the same route.
9. My father and mother died at Carthage.
10. All things are done by the will of the gods.

Answer LXII.

1. The sailors will return to the ships in three hours.
2. By these speeches the leaders of the two armies emboldened the hearts of the soldiers.
3. We did not see any trees and flowers in this land.
4. By their valour they defeated the large numbers of the enemy.
5. Our soldiers did not avoid work.
6. Our men were attacking the ranks of the enemy.
7. The leaders gave the soldiers rest.
8. The sailor was unwilling to return to the boat.
9. All were very much disturbed by these conversations.
10. Several of the soldiers had hidden themselves under the trees.

Answer LXIII.

1. In summer I shall return with the Roman army.
2. We conducted a campaign in the territory of the Gauls for many years.
3. This nation was unwilling to wage war in winter.
4. The hill was held by Labienus with a garrison.
5. All the citizens wished to obey the laws.
6. We saw both trees and flowers in these valleys.
7. Why did you not leave the soldiers on the mountain?
8. Caesar set out to the mountain with an army.
9. They all wished to pitch the camp on a hill.
10. I would rather fight in summer than in winter.

Answer LXIV.

1. We saw very many ships in the harbour.
2. The boy is unable to use his hands.
3. The oak is higher than the house.
4. An animal has feet, but not hands.
5. Let us not use spurs: let us spare the horses.
6. Have you never seen an oak, boy?
7. The citizens gave the general a house (as a) reward for his labours.
8. The oak is most praised of all trees.
9. The ships were left in the harbour.
10. He decided to pitch the camp near the hill.

THE END

Lightning Source UK Ltd.
Milton Keynes UK
UKHW010412230520
363730UK00003B/786